생활 속 일본어와 함께하는

언어의 유희
Pun &
훈훈한 재담
Joke
알까기
다마네기 **1탄**

윤선달 엮음 | 김종석·혼다토모쿠니 감수

도서출판 담아내기

머리말

우리는 생활 속에서 알게 모르게 일본어를 많이 사용합니다. 그런 단어들을 잘 모으면 어렵게 생각하던 일본어 단어들을 쉽게 외울 수 있습니다. 또 그런 단어들이 일본어라는 것을 알게 되면 우리말을 더욱 올바르게 사용할 수 있는 계기도 됩니다.

한 씨름 방송에서 '승부勝負'를 '쇼부勝負'라고 하고, 프로야구 중계 도중에 비가 오자 '갑빠(비닐 천막) 덮어야겠네요'라고 했다가 언론의 뭇매를 맞은 적이 있죠.

개그 프로그램에서 '골뱅이 한 사라皿 추가요'는 웃고 넘길 수 있을지 몰라도 전문 요리 방송에서 '앞접시 주세요'를 '앞사라皿 주세요'로, '생고기'를 '육사시미肉刺身'로, '맛국물'을 '다시出し'라고 해서 난리가 난 적도 있어요. 무모하다는 뜻으로 쓰는 '무대포無鉄砲'라는 말을 들어보셨죠? '총'을 일본어로는 '뎁뽀鉄砲'라고 합니다. 그래서 '총도 없이 전쟁터에 나가는 무모한 짓'을 '무뎁뽀無鉄砲'라고 하죠. 그런데 우리말 '무대포無大砲'인 줄 알고 잘못 쓰는 경우도 있어요. 국회 의정활동 보고에서도 들렸던 '겐세이牽制'라는 말은 우리말 '견제牽制'의 일본어입니다. '야유'라는 뜻의 일본어 '야지野次', '분배分配'를 뜻하는 '붐빠이分配'를 그대로 사용하여 구설수에 올랐던 정치인도 있었습니다.

이런 부정적 측면에도 불구하고 우리가 알게 모르게 써 왔던 말로써 일본어 익히기를 시작한다면 더 빠르고 쉽게 목적을 이룰 수 있지 않을까요?

일본어 공부가 쉬운 이유는 첫 번째 어순이 같고, 두 번째 한자가 같으며, 세 번째 생각보다 아는 단어가 많기 때문입니다.

이 책을 준비하면서 우리가 쓰는 일본어 단어를 많이 찾았습니다. 일상생활의 기본 요소인 의식주는 물론, 인쇄·출판업계나 공사 현장 같은 생소한 분야, 또 취미로 즐기는 당구, 낚시, 바둑 등 실로 다양한 분야에서 일본어는 우리말 속에 녹아 있었습니다.

  1,000개 이상의 단어를 기억이라는 주머니 속에서 끄집어내듯 쉽게 쉽게 익힐 수 있도록 도와 드립니다. 게다가 'Pun&Joke', '아재 개그' 등 재미와 웃음의 소재도 가득해 지루할 틈 없이 술술 읽어 나갈 수 있습니다.

  집단 지성의 중요성을 일깨워 주신 이영탁 세계미래포럼 이사장님, 삼성화재 일본 지역 전문가 파견 시절부터 관심을 가져 주시고, 60대는 물론 70대에도 일본어 공부에 도움이 되는 책이라며 격려해 주신 전前삼성화재 이수창 사장님, 발간 초기부터 한일 간 문화 교류의 중요성을 강조하시고 다양한 정보를 제공해 주신 오사카 총영사를 지내시고 한일의원연맹 간사장이며 재외동포 위원장을 맡고 계신 김석기 의원님, 이 책의 발간에 관심을 갖고 용기를 불어 넣어 주시며 격려를 아끼지 않으신 김문오 달성군수님, 누구나 편하게 공부할 수 있도록 아재 개그 쪽으로의 방향 전환과 많은 자료 및 아이디어를 제공해 주신 남촌문화포럼 대표 김복규 KDC 회장님, 음으로 양으로 후원을 해 주신 오석송 메타바이오메드 회장님과 대상포럼 회장이신 석용찬 메인비즈 회장님, 항상 용기를 북돋워 주신 언론계 및 영화계 대부이신 365생명사랑 대표 김두호 인터뷰365 회장님, 아이디앤플래닝그룹㈜ 남상원 회장님, 영산만산업 황인식 회장님, 수시로 정보를 주시며 격려를 아끼지 않으신 모교 선배이자 은사이신 김병준 국민대 명예교수님께 감사를 드립니다.

  끝으로 이 책으로 더 많은 분들이 일본어와 일본 문화에 흥미를 갖게 되고, 더 나아가 바깥 세상과의 소통을 넓혀 가는 데 조금이라도 도움이 되었으면 좋겠습니다.

윤선달

추천사

최양락
개그맨, 알까기 원조

알듯 말듯 아리송했던 단어가 이렇게 많은 줄은 다들 몰랐을 것이다. 사투리인 줄 알았던 수많은 단어가 일본어라는 사실을 일깨워 주어서 참으로 유익한 책이다. 이 책을 통해서 미루어 왔던 일본어 공부를 본격적으로 시도하는 분들이 많았으면 한다. 이참에 나도 일본어 공부에 취미를 붙여 봐야겠다.

까도까도 양파처럼 나온다는 의미의 〈알까기 다마네기〉라는 책 제목부터 눈에 띄고, 출판사 이름 '담아내기'도 연상될 수 있어 쉽게 기억할 수 있다. 쉬엄쉬엄 건배사나 아재 개그가 있어 지루하지 않고 더욱 편안하게 공부할 수 있어 좋다.

기분 좋게 공부할 수 있는 학습서는 흔치 않은데, 1탄, 2탄에 걸쳐 생활 일본어 1000개, 아재 개그 1000개, Pun & Joke 500개, 재미나는 아이디 500개, 레알 사전 50개, 선달의 구구단 100개, 건배사 100개 등으로 구성되었다고 하니 공부와 재미를 한꺼번에 만끽할 수 있는 최상의 교재가 아닌가 싶다. 이 책은 한 번 잡으면 일사천리로 읽어 나갈 수 있는 유일한 책이라고 본다. 윤선달과 진검승부를 펼쳐보고 싶네요.
 베스트셀러는 떼어 놓은 당상이 아닐까?

임상빈
(사)한일문화·산업교류
협회 이사장

다시 한 번 윤선달이 사고를 쳤다. 그것도 제대로 쳤다. 여러 매스컴에서 일본식 용어를 쓰지 말자고 했지만, 정작 정확한 의미를 알아야 쓸지 말지를 판단할 수 있다는 점은 간과할 수 없는 노릇이다. 이럴 때 발상의 전환을 통해 제대로 공부해서 국어 순화도 하자는 취지가 무엇보다 마음에 와 닿는다.

마음만 먹으면 바로 실천에 옮기는 윤선달이기에, 일본어 공부는 물론 각종 재밌거리가 가미된 내용을 담아 힘들지 않고 즐거운 마음으로 여행하듯 공부하는 행복 바이러스 전파자로서의 역할을 충분히 해 내고 있다.

네트 플레이를 잘 해야 게임을 앞서가듯 그 시대의 다른 사람보다 앞선 사람으로 쉽지 않은 길을 걸어가는 선구자 역할을 해 나간다. 누구나 생각해 봤을 법한 내용을 집대성하여 한·일 교류의 가교 역할을 할 수 있는 귀중한 책을 만들어 낸 윤선달이야말로 진정한 선구자라고 할 수 있다.

기쁨을 주는 달변가 윤선달이 곳곳에 숨어 있는 용어들을 찾아내, 일본어도 익히고 국어 순화도 할 수 있는 좋은 책을 펴냈다. 일본어를 익히는 지름길이 되는 책으로 필독서가 되고 사랑받는 스테디셀러가 되었으면 하는 바람이다.

이 책의 구성과 특징

이 책은 언젠가 한 번쯤 들어 보았을 일상생활 속 일본어로 일본어에 대한 관심을 높이고 실제로 일본어 학습에도 도전해 볼 수 있도록 기획되었습니다.

한편으로는 우리말 속에 녹아든 일본어의 실체를 명확하게 밝혀 올바른 우리말 사용에 도움이 되고자 하는 바람도 있습니다.

뜻이 좋아도 재미가 없으면 읽히지 않는 단점을 보완하고자 읽는 재미가 쏠쏠하도록 많은 요소를 배치했습니다.

제목은 한눈에 척!

각 파트의 제목은 사시미, 이자까야, 야끼니꾸, 오사께 등等 척 보면 일본어라는 사실을 알 만한 것으로 정하고 간단한 소개글을 실었어요. 이후에 펼쳐지는 제목과 관련된 일본어가 얼마나 우리 말글살이에 들어와 있는지 살펴보아요.

까도까도 이어지는 알까기 본문

일상생활에서 한 번쯤 듣거나 말해 보았을 일본어를 제시하고, 각 단어가 어떻게 구성되었는지 설명했어요. 또한 까도까도 이어지는 알까기처럼 그 단어로부터 파생되는 또 다른 단어들을 소개해 총 1000여 개에 이르는 생활일본어를 쉽게 익힐 수 있습니다.

라는 재미있는 말이 있어요. 직역하면 '청어 세기' 정도인데, 관용어처럼 쓰여 '수

Pun & Joke

Fun이 아닌 Pun은 '언어 유희, 말놀이, 농담, 말장난' 등의 뜻을 가진 영어예요. 언어의 유희를 통한 절묘함이 때로는 감탄을 때로는 웃음을 선사합니다. '재담'이란 뜻의 Joke는 말할 나위도 없이 재미의 대명사죠. 500개의 큰 웃음을 제공합니다.

건배사

우리 민족은 모이기를 좋아하죠. 모이면 한잔하는 것은 필수 코스예요. 한잔하는데 건배사가 빠지면 서운해요. "오늘은 김 대리가 건배사 한 번 해 봐." 어떤 건배사는 술맛을 달아나게도 하지만, 이 책에 소개된 100여 가지 건배사는 술맛을 배가시켜 줄 겁니다.

아재 개그

순간적인 재치로 분위기를 돋우는 사람은 어디에서든 대환영이죠. 이런 사람들의 특징은 소박하면서도 무릎을 치게 만드는 이야깃거리를 많이 가지고 있는 점입니다. 촌철살인의 아재 개그 1000여 개를 매 페이지마다 배치해 지루할 틈이 없게 만듭니다.

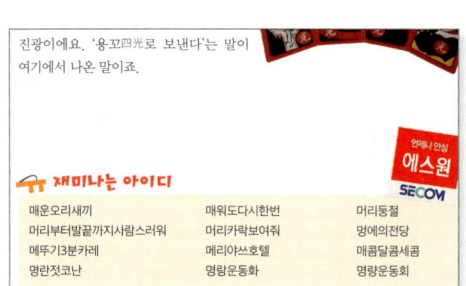

재미나는 아이디

'매워도 다시 한 번'. 한 글자 바꿨을 뿐인데, 너무나 매워 눈물마저 찔끔 나지만 그 음식을 한 번 더 먹고자 하는 마음을 담아내는 기막힌 패러디! 이런 패러디만 무려 500개. 당신의 재치만점 캐릭터를 만들어 보세요.

알까기 레알 사전

익히 아는 단어의 새로운 정의. 예건대 '열대야'의 유래는 무엇일까요? 찬물 열 대야를 끼얹어야 식혀지는 무더위! 알까기 레알 사전에서만 맛볼 수 있는 반전의 매력이고, 이 매력은 결국 당신에게 매력이라는 이름의 인기를 줄 것입니다.

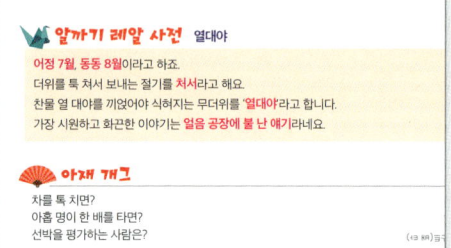

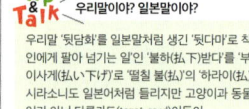

Tip & Talk

본문과 관련된 유익한 정보나 재미있는 이야기를 실었습니다. 가볍게 웃어넘길 만한 소재에서 정치, 경제, 사회의 다양한 분야까지 유용한 Tip과 쏠쏠한 정보가 여러분의 지적 호기심을 자극할 것입니다.

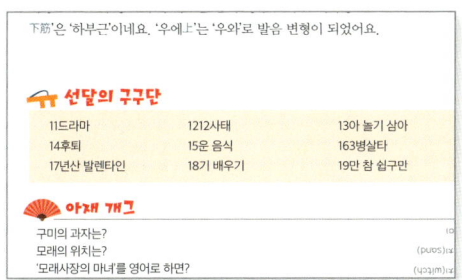

구구단 시리즈

지금까지 수많은 구구단 시리즈가 있었지만, 이 코너에서는 〈선달의 구구단〉이 가미되어 새로운 재미를 선사합니다. 언어 유희의 마술사 윤선달의 기발하고 위트 넘치는 구구단을 맛보실 수 있습니다.

일러두기

이 책에 소개된 일본어의 한글 표기는 국립국어원의 외래어표기법을 따르지 못했습니다. 이는 우리가 흔히 사용하는 일본어 발음이 세월이 흐름에 따라 원래의 발음에서 많이 변형되었기 때문입니다. 예를 들어 '보조원'을 뜻하는 '시다'의 바른 표기는 '시타'입니다. 하지만 일상생활에서 이미 '시다'로 굳어졌기 때문에 이 형태를 표기 대상으로 삼았습니다. 좀더 많은 분들이 사용하는 발음을 제시하기 위한 결정이므로 독자 여러분의 양해 바랍니다.

유튜브 〈윤선달TV〉에서도 시청 가능

이 책의 내용은 유튜브 〈윤선달TV〉에서도 시청이 가능합니다. 엮은이가 직접 강의하는 재미있는 영상으로 지루함도 달래면서 일본어 공부도 해 보세요.

목차

머리말 ___ 2
추천사 ___ 4
이 책의 구성과 특징 ___ 6

사시미 刺身 ___ 16
건배사(아사가오리·오징어) | Pun&Joke(꼬꼬댁, 아식스) | 재미나는 아이디 | 알까기 레알 사전(이동막걸리) | 아재 개그

이자까야 居酒屋 ___ 24
건배사(송가인·임영웅·일취월장) | Pun&Joke(아메리칸 드림) | 재미나는 아이디 | 알까기 레알 사전(활명수) | 아재 개그

야끼니꾸 焼き肉 ___ 32
건배사(막걸리-주전자-위하여-마스터) | Tip&Talk(스가 요시히데 총리) | Pun&Joke(검은고양이 네로) | 재미나는 아이디 | 알까기 레알 사전(총량불변의 법칙) | 아재 개그

오사께 お酒 ___ 40
재미나는 아이디 | Tip&Talk(폭탄주의 재구성) | 건배사(인사불성·대도무문·대기만성) | Pun&Joke(자기PR) | 알까기 레알 사전(수리지) | 아재 개그

마호병 魔法瓶 ___ 46

건배사(주경야독·주경야동, 적반하장, 뒤죽박죽) | 재미나는 아이디 | Pun&Joke(반대의 반대는 정상) | 알까기 레알 사전(섬섬옥수수) | 아재 개그

구루마 車 ___ 52

재미나는 아이디 | 건배사(비행기·남행열차) | 알까기 레알 사전(열대야·지하 엘리베이터를 본 선달) | Tip&Talk(우리말과 반대로 쓰이는 단어·일본식으로 쓰이는 용어) | 아재 개그

겜뻬이 源平 ___ 58

건배사(매취순-당취평·소취하-당취평) | Tip&Talk(전하, 들켰사옵니다·우리말이야? 일본말이야?) | Pun&Joke(세계로 미래로) | 재미나는 아이디 | 알까기 레알 사전(무광신청) | 아재 개그

고도리 五鳥 ___ 66

Tip&Talk(누구의 얘기일까?·한국과 일본의 띠·한국과 일본의 발음이 같은 단어) | 건배사(고도리·모내기·상한가·코로나) | Pun&Joke(나무아미따불·테니스 선수 성명학) | 재미나는 아이디 | 알까기 레알 사전(통일신라면) | 아재 개그

홀인원 ___ 76

건배사(올파·올보기·올버디·올통통통·천고마비-하고마비) | Tip&Talk(PGA란?) | 알까기 레알 사전(보기 플레이) | Pun&Joke(선달이 영원한 보기플레이어인 이유) | 재미나는 아이디 | 아재 개그

요이땅! 用意ドン! ___ 80

건배사(무한도전·평화통일) | Pun&Joke(아빠 힘내세요) | 재미나는 아이디 | 알까기 레알 사전(물구나무서기) | 아재 개그

아다마 頭 ___ 84

건배사(스마일·우하하·모내기) | 재미나는 아이디 | Tip&Talk(개미가 열 마리 있습니다·원숭이 세 마리·오아시스·도모, 도조·가라스윙) | Pun&Joke(엄마 힘내세요) | 알까기 레알 사전(발렛 퍼팅) | 아재 개그

공사장 ___ 92

건배사(재건축·재개발·세우자) | Pun&Joke(잉글리쉬·생각이 잘 나지 않을 때 하는 실수·상감마마 납시오) | 구구단 사오정 | 재미나는 아이디 | 알까기 레알 사전(배터리·NG니어) | 선달의 구구단 | Tip&Talk(발음 착오) | 아재 개그

군바리 ___ 108

Tip&Talk(서글픈 부부·충성!·43룰·백돌이) | 건배사(미사일·박격포·오뚜기) | 재미나는 아이디 | Pun&Joke(충성! 단결!) | 알까기 레알 사전(홍보가 기가 막혀) | 아재 개그

기모노 着物 ___ 116

건배사(청바지·쫄바지·흥청망청·사이다) | 알까기 레알 사전(저팔개띠·사랑의 거리) | Tip&Talk!(의류와 관련된 표현·남대문·신종 피서지·잘못된 만남) | Pun&Joke(거만과 방만·명퇴 시리즈) | 재미나는 아이디 | 아재 개그

오까네 お金　132

건배사(모바일, 원더풀, 가감승제·위하여) | 선달의 구구단 | Pun&Joke(우리집 강아지는 복슬강아지·BH 사나이·눈을 떠라! 세계의 공통어 '아멘') | Tip&Talk(행운의 이불) | 알까기 레알 사전(에프킬라·방향제) | 재미나는 아이디 | 아재 개그

미다시 見出し　146

건배사(이기자 아자아자·나가자 야·초가집-119·니나노-변사또) | 알까기 레알 사전(구구단을 외자·대만족) | Tip&Talk(항상 화목하라·알아 두면 유비무환·윤선달 제안 상호·일본의 주요 전화 서비스·그늘집 쉬어 가기-웃으면 복이 오고 웃기면 보기(boggy)해요) | 선달의 구구단 | 재미나는 아이디 | Pun&Joke(호감 가는 상호·노캐디) | 아재 개그

멀리서 빈다

나태주

어딘가 내가 모르는 곳에
보이지 않는 꽃처럼 웃고 있는
너 한 사람으로 하여 세상은
다시 한 번 눈부신 아침이 되고

어딘가 네가 모르는 곳에
보이지 않는 풀잎처럼 숨 쉬고 있는
나 한 사람으로 하여 세상은
다시 한 번 고요한 저녁이 온다

가을이다, 부디 아프지 마라

추천: 서현회계법인 강성원 회장(명예시인)

사시미

인생의 희열 중 먹는 즐거움을 빼놓을 수 없죠. 그래서 음식과 관련된 말도 너무나 다양합니다. 횟집에 가면 우리말이 아닌 것 같은데 너무나 자연스럽게 쓰이는 말들을 듣거나 볼 수 있죠. 어떤 말은 애초에 우리말이었는지 일본에서 온 말인지 헷갈리는 것까지 있어요. 이참에 확실하게 알아 두었다가 유식을 뽐내 보아도 좋을 것 같네요.

사시미 '찌를 자刺'를 '사시', '몸 신身'을 '미'로 읽어 사시미刺身죠. '생선회'예요. '사시'에 '말 마馬'의 발음 '바'를 써서 바사시馬刺라고 읽으면 '말고기 회'를 말하지요. 말고기 자체는 '고기 육肉'을 '니꾸'로 읽어 바니꾸馬肉라고 해요. '복어'는 '바다의 돼지'라는 의미인지 '물 하河', '돼지 돈豚'이라는 한자를 쓰고 후구河豚라고 읽고, '복어회'를 후구사시河豚刺し라고 한답니다. 이카사시烏賊刺는 '산오징어'인 이카烏賊를 쓰는데, '말린 오징어'는 한자 '가물치 양鰑'을 써서 스루메鰑라고 하죠. 고토부키스루메寿鰑는 한자 '목숨 수寿'를 고토부키寿로 읽어, 씹으면 씹을수록 맛을 내며 오래되어도 변치 않는 말린 오징어寿留女처럼 좋은 부부, 변치 않는 부부가 되기를 기원하는 의미를 담은 예물이에요.

세꼬시 '등 배背'를 '세', '넘을 월越'을 '고시'로 읽어 세고시背越인데, 우리는 '고'를 세게 발음해서 '세꼬시'라고 해요. 뼈가 무른 생선을 뼈째 잘게 썬 회를 말하죠. 사시미刺身는 등뼈를 발라내고 회를 뜨지만 세꼬시背越는 등뼈 발라내기를 넘어간다(패스한다)는 뜻일까요?

 아재 개그

횟집에서 예쁜 애들에게만 맛있는 부위를 주는 이유는?
이에 스시가 끼면?
바닷속에 있는 다리는?

사잇이(사시미)이니까
이쑤시미(ESC=활수)
크도시

고노와다 '창자 장腸'을 '와타'라고 읽고 동물의 내장, 창자를 뜻하죠. 일본어로 해삼을 나마코海鼠라고 하고 '바다 해海', '쥐 서鼠'를 써요. '海鼠 + 腸'처럼 붙여서 고노와타海鼠腸라고 발음해, '해삼창젓', 즉 소금에 절인 해삼 내장으로 만든 일본식 젓갈을 뜻해요. 한편, '성게'는 '바다 해海'와 '쓸개 담胆'을 써서 海胆이라고 쓰고 '우니'라고 읽어요. 고노와타, 숭어알, 성게알이 일본에서 3대 진미죠.

스시 한자 '목숨 수壽'와 '맡을 사司'를 써서 스시壽司라고 읽고 '초밥'을 뜻하는데, 한자 '젓갈 지鮨'를 쓰기도 해요. 여기에 한자 '말 권卷'을 붙여 마키즈시卷き鮨라고 읽고 '김초밥, 김말이'를 뜻해요.

가쓰오부시 한자 '가물치 견鰹'을 '가쓰오', '마디 절節'을 '후시'로 읽어 '가쓰오 + 후시'인데 발음 변형이 일어나 가쓰오부시鰹節라고 하죠. 뜻은 '가다랑어포'. 동음이의어 발상으로 '가쓰오부시'에 勝男武士라는 한자를 대입하면 '전쟁에서 승리하는 무사'라는 의미와 발음이 같아 약혼 예물 중 하나로 쓰인대요. 이처럼 전혀 어울릴 것 같지 않은 물건이 축하 및 기원용으로 쓰이는 예로 다음과 같은 것들이 있어요. '청어알'인 가즈노코数の子와 '다시마'인 곤부(昆布 → 子生婦 → 아이 낳는 부인)'는 '자손 번영'을 나타내죠. '새우'인 에비海老는 '효도', '전복'인 아와비鰒는 '장수하는 조개'로 '불로장생'을 나타내는 예물이에요. '도미'는 일본어로 타이鯛인데, '축하하다'란 말인 메데目出타이로 인식해 축하용 물고기의 단골 메뉴네요.

건배사 아사가오리, 오징어

아끼고 **사**랑하며 **가**슴 속에 **오**래 남는 **리**더
오래오래 **징**하게 **어**울리자

회가 펜에 둘러싸이면?
오끼나와에 가면 살찌는 이유는?
혼마구로를 파는 곳은?

마구로 한자 '다랑어 유鮪'를 '마구로'라고 읽고 '참치'를 뜻해요. 표기는 가타카나인 マグロ를 쓰는 게 일반적이에요. 영어 tuna를 따서 ツナ라고 읽거나 쓰기도 하죠.

에비 '새우 하蝦' 또는 海老라는 한자를 써서 '에비'라고 읽고, '새우'를 뜻해요. 한자 海老(바다의 늙은이)처럼 허리가 휘었네요. '내 천川'을 '가와川'로 읽어 가와에비川海老처럼 붙이면 '민물새우'나 토하土蝦를 뜻해요. 나마즈鯰는 '메기'를 뜻합니다.

이리코 한자 '볶을 초炒'의 '이리炒'와 '아들 자子'의 '꼬자'를 합친 이리꼬炒子는 쪄서 말린 잔멸치를 뜻해요. '삶을 자煮'의 '니煮'와 '마를 건干'의 '호시干'가 만난 니호시煮干는 발음 변형이 되어 니보시煮干로 읽고, 삶아서 말린 멸치를 뜻하죠. 고바小羽는 '작을 소小'의 '고小'와 '깃 우羽'의 바羽로 '잔멸치'를 말하며, 반대로 '큰 대大'의 발음 '오大'가 붙은 오바大羽는 '큰 멸치'를 말해요.

하모 하모ハモ는 '갯장어'를 뜻하는데, 끓는 물에 살짝 데쳐 먹는 하모유비끼ハモ湯引き가 여름철에 인기가 있지요. 유비끼湯引는 '끓일 탕湯'의 '유湯'와 '끌 인引'의 '히끼引'가 만나 발음 변형을 일으켜 '유비키'라고 읽고, 끓는 물에 살짝 데친 요리를 뜻해요.

가이바시 일본어의 원래 발음은 가이바시라貝柱예요. '조개 패貝'의 '가이貝'와 '기둥 주柱'의 '하시라柱'가 만나 '가이바시라'로 변형되어 소리가 나고, 가리비 따위의 조개관자를 삶아서 말린 패주貝柱를 뜻하죠.

 아재 개그

도서관에서 음료를 원샷해야 하는 이유는?
새우가 주인공인 드라마는?
오리를 날로 먹으면?

(책(冊)이라 벌컥벌컥(甘))
대하드라마
회오리

사케 '연어'를 뜻하는 이 말은 한자 '연어 규鮭'를 쓰죠. 그런데 이 발음은 '술 주酒'와 같아, 이와 구분하기 위해서 '사케さけ' 대신 '샤케しゃけ'라고 발음해요.

동음이의어는 괴로워 '연어'의 '사케(鮭)'를 '술 주'의 '사케(酒)'와 구분하기 위하여 '샤케'라고 하듯이, '화학(化学)'과 '과학(科学)'도 둘 다 '가가쿠(かがく)'로 발음이 같아요. 그래서 '화학(化学)'의 '될 화(化)'를 훈독한 '바케(化)'로 바꾸어 '바케가쿠(化学)'라고 말하기도 해요. 비슷한 예로, '사립(私立)'과 '시립(市立)'도 발음이 같은 '시리쓰(しりつ)'인데, '사립(私立)'의 '사사로울 사(私)'를 훈독해 '와타쿠시(私)'로 바꾸어 '와타쿠시리쓰(私立)'라고 말해요. 일본을 대표하는 '아키타견(秋田犬)'의 일본 발음은 '아키타켄'인데, 이 발음이 '아키타현(秋田県)'과 발음이 같아 '개 견(犬)'을 훈독한 '이누(犬)'로 바꾸어 아키타이누(秋田犬)라고 부르죠.

삼마 삼마秋刀魚는 '꽁치'를 말하는데, 특수한 한자죠.

사요리 사요리サヨリ는 침어針魚나 세어細魚 등의 한자를 쓰는데, 우리말로는 '학공치'예요.

사바 사바鯖는 '고등어'로, 이 한자는 등 푸른 생선의 대표주자이므로 '고기 어魚'와 '푸를 청青'이 합쳐진 모양의 청어 청鯖이에요. 이해하기 쉽죠! 사바鯖에 '읽을 독読'을 붙인 사바요미鯖読라는 재미있는 말이 있어요. 직역하면 '청어 세기' 정도인데, 관용어처럼 쓰여 '수량을

Pun & Joke 꼬꼬댁

치킨을 좋아하는 축구팀은? KFC	치킨 10마리 더 주세요를? 치킨텐더
가장 오래된 치킨은? 구닥다리	닭날개가 크면? 윙커
닭에게 옷이 작으면? 꼭끼오	온순한 닭은? 네네치킨
닭이 사람을 물면? 인문계	사람을 웃기고 울리는 닭은? 코스닥
닭의 부인은? 닭처	자부심을 가진 닭은? 프라이드 치킨
닭이 좋아하는 알파벳은? R	유부남이 싫어하는 닭은? 마늘치킨
로봇이 좋아하는 치킨은? 우엉치킨	푸가 치킨을 타면? 푸라이드 치킨

오리 먹는 날은?
회를 가장 잘 뜨는 곳은?
횟집 주인이 싫어하는 사람은?

오리지날
회령군
회피하는 사람

속여 이익을 취한다'는 뜻이죠. 고등어는 한꺼번에 많이 잡히고 쉽게 상하기 때문에 어시장에서 눈으로 볼 수 없을 만큼 빠른 속도로 세었는데, 너무 빨라서 나중에 세어 보면 숫자가 맞지 않아 생겨난 말이라네요. 어떤 목적을 위하여 떳떳하지 못한 방법으로 하는 교섭 행위를 뜻하는 '사바사바'도 여기에서 유래된 것이라고 하죠.

지리 우리가 흔히 쓰는 '지리'는 일본어 치리나베ちり鍋에서 온 말이죠. '지리' 자체에는 한자가 없어요. 이어지는 나베는 '노구솥 과鍋'라는 한자를 쓰죠. 치리나베ちり鍋는 생선, 두부, 야채 등을 냄비에 끓여서 초간장에 찍어 먹는 요리를 말해요. '치리'에 복어를 뜻하는 후구河豚를 붙이면 후구치리河豚ちり, 즉 '복지리'가 되죠. 후구河豚에 '즙 즙汁', 즉 시루汁를 붙이면 후구지루河豚汁가 되고, '복국'을 뜻해요. '지루'로 발음 변형이 되는 것에 주의해요.

오도리 오도리オドリ는 무용舞踊인 '춤출 무舞'와 '뛸 용踊'의 '오도리舞, 踊'에서 따온 말이에요. 춤추는 '활活 새우'죠. 보리새우 같은 생새우나 뱅어 같은 작은 생선을 팔딱팔딱 뛰는 그대로 초장 등에 찍어 먹는 요리를 일컫는 말이에요. 오도리구이踊り喰い는 살아 있는 뱅어, 새우 따위를 초간장에 찍어 먹거나 그 요리를 말하죠. '먹을 식食'도 '쿠이喰'!

 아식스

친구들이 아~들 자랑하고 있는데, 두 명, 세 명이라 자랑하자 듣고 있던 한 친구 왈!
친구A: 난 아~들이 여섯 명이야.
친구B: 고~뤠? 내 옷이 아~식스? 그래서 마크 숫자도 6?

'이것은 내 코가 아니다'를 줄이면? (노코미no me)
코가 긴 사람들의 스포츠는? 코롱스포츠
'니 코는 어려 보인다'는? 니코틴(teen)

부리 한자 '물고기이름 사鰤'를 쓰는 부리鰤 역시 일본어이고, 우리말로는 '방어'죠. '겨울 방어'는 한자 '찰 한寒'을 붙여 간부리寒鰤라고 하지요. '한겨울 매화'를 간바이寒梅라고 하듯이. 계절 과일이 있듯이 계절 어류로는 '봄 도다리, 여름 민어, 가을 전어, 겨울 방어'인데, 겨울 숭어를 주장하기도 해요.

스루메 오징어는 물오징어와 말린 오징어가 있는데, 물오징어는 이카烏賊라고 하고, 말린 오징어는 스루메鯣라고 해요. 시를 지을 때 '쓰다', '적다'는 부정적인 뉘앙스가 있다고 해서 '짓다'로 고쳐쓰듯이, 일본어에서는 꺼리는 말을 한자 '꺼릴 기忌'의 '이미忌'에 '말'이라는 뜻의 고토바言葉를 붙여 이미코토바忌み言葉라고 해요. '말린 오징어'인 '스루메'는 '소매치기'인 '스리'와 발음이 비슷하여 아타리메当りめ라고 하고, 과일 '배'를 뜻하는 '나시梨'도 '없다'는 뜻의 '나시無'와 발음이 같아 '아리노미有りの実;있음의 과일'이라고 부르죠.

또다른 예도 있어요. 일본은 4와 9를 싫어해요. 4의 발음 '시'가 '죽을 사死'의 발음과 같기 때문이고, 9의 발음 '쿠'가 '괴로울 고苦'와 같기 때문이죠. 식사 예절 중에는 이런 것도 있죠. 즉 젓가락과 젓가락으로 음식을 주고받거나 옮기지 않아요. 이는 죽은 이의 뼈를 두 사람이 젓가락으로 옮기는 납골문화 때문이라네요.

재미나는 아이디

007네번다이	1009개계단	5분간후식
비바리는호남선	F킬라들의수다	G선상의알이야
가나다라마법사	가문의영광굴비	감기몰살
간지의제왕	개구라왕눈이	나는사랑에삐졌어요

*니코니코(にこにこ)는 '싱글벙글'이라는 뜻.

'니 코 잘 생겼다'를 네 들자로 줄이면?   니쿠뽀뽀(肉)
'니 코 성형했니'를 다섯 글자로 줄이면?   니가니기리
'니 코 못생겼다'를 세 글자로 줄이면?   쓔하시(X)

다이 한자 '도미 조鯛'를 써서 '다이鯛'라고 읽고, '돔'이에요. 우리 속담에 '썩어도 준치'가 있는데, 일본에서는 '준치' 대신에 '다이鯛'를 쓰죠. '쇠꼬리보다는 닭대가리가 낫다'가 일본으로 가면 '도미 꼬리보다 정어리 대가리'가 되죠. 참고로 색이 검은 '감성돔'은 '검을 흑黑'을 써서 구로다이黑鯛라 하고, 지누チヌ라고도 한답니다. 붉은 색을 띠는 참돔, 황돔, 붉돔 등은 '붉을 적赤'을 써서 아까다이赤鯛죠.

아나고 우리가 흔히 아나고라고 부르는 것은 붕장어로, 한자 '구멍 혈穴'의 '아나穴'와 '아들 자子'의 '코子'가 합쳐져 아나고穴子라고 읽어요.

에이 '가오리'를 뜻하는 에이鱝의 한자는 '가오리 분鱝'이네요. 비슷하게 생겼지만 엄청난 가격 차이를 보이는 '홍어'는 간키에이雁木鱝라고 한다네요.

히라메 우리가 흔히 넙치, 광어라고 부르는 생선은 몸이 평평하기 때문에 한자도 '물고기 어魚 + 평평할 평平'을 합쳐 놓은 鮃(넙치 평)이라는 한자를 써요. 쉽죠!

아지 가끔 '전갱이 아지' 또는 '아지 전갱이'라는 말을 들을 때가 있는데요. '전갱이'를 일본어로 '아지'라고 해요. 한자는 '비릴 삼鯵'을 쓰죠. 경상도에서는 '메가리'라고도 하지요. '맛'도 일본어로 '아지'라고 하는데요. 이 때는 한자 '맛 미味'를 써요. 이 생선을 '전어'로 혼동하는 경우가 있는데, '전어'는 '고노시로鰶, 鮗'라고 해서 다른 단어랍니다.

이시가리 고급 횟감 '줄가자미'를 '이시카리'라고 하는데, '돌 석石'의 '이시石'와 '사냥할 수狩'의 '카리狩'를 합쳐 이시카리石狩라고 해요. '줄가자미'의 바른 일본어는 사메가레

아재 개그

항상 취해 있는 음식은?
맥주 킬러가 죽으며 남긴 말은?
한류의 최대 피해자는?

군고구마뿌리
홉미안하다
로열패밀

이鮫鰈라고도 하는데, 한자 '상어 교鮫'의 '사메鮫'와 '넙치 접鰈'의 '가레이鰈'를 써요. 한자 '돌 석石 – 이시'가 들어가는 생선으로 '이시다이石鯛 – 돌돔'과 '이시모찌石持 – 조기'가 있네요. '도미 조鯛'와 '가질 지持'를 알아 두면 좋겠어요. 참고로 '새끼 돌돔'은 '명주 호縞'의 '시마縞'를 써서 시마다이縞鯛라고 하고, '조기'의 다른 이름으로는 '입 구口'의 '구치口'를 붙인 이시구찌石口가 있어요.

오차 '차 차茶' 앞에 미화어 '오오'를 붙인 '오차お茶'는 '엽차' 또는 '다도茶道'를 뜻해요. 다도茶道의 일본 발음은 사도茶道예요. 어린 찻잎을 가루로 만든 '말차'는 맛차抹茶라고 하지요. 오차お茶에 '담글 지漬'인 '즈케漬'를 붙인 오차즈케お茶漬け는 차에 밥을 말아 먹는 '차밥'을 말하죠. '차茶'에 '주발 완碗'을 붙인 자완茶碗은 '밥공기'를 뜻하고, 여기에 '찔 증蒸'의 '무시蒸'를 붙인 자완무시茶碗蒸し는 '계란찜'을 말해요. 무시蒸에 '아귀'를 뜻하는 앙꼬鮟鱇를 붙인 앙꼬무시鮟鱇蒸는 '아귀찜'이죠. 무시蒸에 '구이'를 뜻하는 야끼燒를 붙인 무시야끼蒸燒는 '찜구이'를 뜻해요. 한편, 물결 파波, 베 포布, 차 차茶를 합친 하부차波布茶는 '결명자 차'를 뜻하죠.

알까기 레알 사전 이동막걸리

막걸리가 가장 유명한 곳이 경기도 포천이죠.
유산균이 많아 웰빙식품이라 '**포천(Fortune)**'이라죠.
맥주를 마시고 싶어도 세 명이 막걸리를 원하면 따라 마시는 막걸리를 '**일동막걸리**'.
그늘집에 시간이 없어 테이크 아웃으로 카트에서 마시는 막걸리를 '**이동막걸리**'.
통신사 직원들은 항상 막걸리만 마신다지요? **막** 걸리라고요.

꼬리에 침을 뱉으면?
코를 풀면서 방구를 뀌면?
맥주를 마시고 방구를 뀌면?

는바람(에이!)
이도웅아
음냐두야

이자까야

일본 식당에 '불고기', '지지미' 등이 있는 것처럼 우리나라에도 일본식 주점이나 음식점이 많죠. '이자카야라는 간판을 낸 가게도 볼 수 있어요. 일본도 우리와 마찬가지로 음식점에서 맥주나 술을 함께 마실 수 있죠. 그렇다면 음식점에서 흔히 주문해서 먹고 마실 수 있는 것에는 어떤 것들이 있을까요?

이자까야 이자까야居酒屋는 '살 거居'의 '이居'와 '술 주酒'의 '사께酒', '집 옥屋'의 '야屋'가 합쳐진 말로 선술집, 목로주점, 대폿집을 뜻해요. 사께酒가 '자까'로 발음 변형되었죠.

미소시루 일본식 된장인 미소味噌와 한자 '진액 즙汁'을 사용하는 '시루汁'를 합쳐 미소시루味噌汁라고 하면 일본식 된장국을 뜻해요.

낫토 한자 '들일 납納'과 '콩 두豆'를 쓰는 낫토納豆는 발효한 콩에 간을 해서 말린 일본식 청국장이죠. 절에서 만드는 낫토는 '절 사寺'의 '데라寺'를 붙여 데라낫토寺納豆라고 하지요.

소바 메밀 또는 메밀 국수를 뜻하는 '소바'는 한자로 蕎麦 또는 가나를 써서 そば라고 표기해요. 일본어에서 '성할 성盛'의 '모리盛'는 우리말로 치면 '곱빼기'를 뜻해요. 그래서 모리소바盛り蕎麥라고 하면 '메밀국수 곱빼기'죠. 자루소바ざる蕎麦도 한 종류지요. 가장 대중적인 면 음식인 라면을 일본에서는 라멘ラーメン이라고

 아재 개그

자다가 나온 머리는?
단골 손님이 이자까야에 들른 이유는?
식당을 영어로 하면?

정답: 라며(夢夢)
이자까야 가족거라서
식당(shop)

부르죠. '면'이 '멘'으로 바뀌네요. 그래서 소면素麵은 소멘素麵이라고 하죠.

가끼우동 원래는 한자 '걸 괘掛'에 우동うどん을 붙여서 가께우동掛うどん이라고 하죠. 면에 뜨거운 물을 부어 먹는 면 요리예요. 우동うどん에 '구슬 옥玉'의 '다마玉'를 붙여 우동다마うどん玉라고 하면 '국수 사리'를 뜻하죠.

여우는 유부를 좋아해! '우동(うどん)'에 '여우 호狐'의 '기쓰네(狐)'를 붙인 '기쓰네우동(狐うどん)'은 '여우가 유부를 좋아한다'고 하여 붙여진 이름으로 '유부우동'이죠. 여우 대신 '너구리 리(狸)'의 '다누끼(狸)'를 붙인 '다누끼우동(狸うどん)'도 있죠. '다누끼'는 원래 '너구리'가 아니고, '건더기'를 뜻하는 '씨 종(種)'의 '타네(種)'와 '뺄 발(拔)'의 '누끼(拔)'를 합친 '다네누끼(種抜)'인데, '네'를 빼고 '다누끼(狸)'가 되었다네요. 농심에도 너구리 라면이 있죠. 잘게 썬 파와 건더기인 '다네'를 뺀 튀김 부스러기의 색깔이 너구리와 닮은 데서 비롯됐다네요. '다누끼소바(狸そば)'도 마찬가지로 튀김의 건더기를 뺀 '튀김 부스러기를 얹은 메밀국수'를 말하죠.

가타쿠리 가타쿠리片栗는 가타쿠리꼬片栗粉의 준말로, '조각 편片'의 '가타片'와 '밤나무 율栗'의 '쿠리栗', 그리고 '가루 분粉'의 '꼬粉'로 구성됐죠. 얼레짓가루, 녹말가루, 감자 가루를 뜻해요.

오다마 한자 '큰 대大'의 '오大'와 '구슬 옥玉'의 '다마玉'가 합쳐져 '오다마大玉'죠. '큰 알, 알이 굵은 과일'을 뜻해요. 반대말은 '작을 소小'의 '고小'를 붙인 고다마小玉죠.

건배사 송가인 vs 임영웅, 일취월장

송두리째 **가**요무대 **인**정받는 송가인! **송**구영신, **가**화만사성, **인**향만리!(송년회 버전)
임과 함께 **영**원히 **웅**비하자!
일요일 **취**하면 **월**요일 **장**난아냐
일자리 만들어 **취**직시키고 **월**급 많이 주어서 **장**가시집 보내자

무가 짜릿짜릿한 것은?
무가 넥타이를 매면?
무가 날씬해지면?

사쓰마이모 '토란 우芋'의 '이모芋'는 감자, 고구마 등 덩이줄기를 뜻해요. 여기에 가고시마현 서반부의 옛 지명인 사쓰마薩摩가 붙어 사쓰마이모薩摩芋라고 하면 '고구마'란 뜻이죠. 참고로 감자는 자가이모ジャガイモ라고 하죠.

가마보코 한자 '부들 포蒲'의 '가마蒲'와 '칼끝 모鉾'의 '보코鉾'가 합쳐진 가마보코蒲鉾는 '어묵'을 뜻해요. 즉 '어묵'을 뜻하는 일본어는 '오뎅'이 아니라 가마보코蒲鉾인 셈이죠. '가마'와 발음이 같은 '가마 부釜'의 '가마釜'는 '솥'인데, '가마솥에 볶고'와 비슷한 '가마보꼬'로 재미있는 발음이네요. 이 '가마보코'를 이용해 유부, 곤약, 각종 야채들과 함께 국물에 익힌 일본 요리가 바로 꼬치인 오뎅おでん이지요. 예를 들어 김치가 어묵이라면 김치찌개는 오뎅이 되겠죠?

가리 '가리'는 '초생강'을 말하는데, 음식의 맛을 가리(?)는 역할도 하네요. 생강生薑은 '날 생生'과 '생강 강薑'을 써서 쇼가生薑라고 발음되는데, 그 자체로 반찬이나 안주가 되죠.

락쿄 한자 '매울 랄辣'과 '부추 구韭'를 합쳐 락쿄辣韭라고 읽고, 염교, 채지菜芝를 뜻해요. 일식집에서 반찬 겸 안주로 우리말처럼 사용하는데, 마늘과 양파의 중간쯤 되는 식품이에요. 마늘은 닌니쿠にんにく라고 하는데 사람의 몸에 좋아서인지 닌니쿠人肉와 발음이 같네요.

닥꽝 지금은 '단무지'라고 부르는 닥꽝은 '택암沢庵' 스님의 일본식 발음을 딴 다쿠앙沢庵이라고 전해집니다.

 아재 개그

프랑스 공부에 필요한 도구는?
"빨래 빨리 말라라!"를 프랑스어로 하면?
날지 못하는 파리는?

히야무기 '찰 냉冷'의 '히야冷'와 '보리 맥麦'의 '무기麦'가 합쳐진 히야무기冷や麦는 '냉국수'를 말하죠.

우메보시 '매화나무 매梅'의 '우메梅'와 '마를 건(방패 간)干'의 '호시干'가 합쳐진 우메보시梅干는 간매실 또는 매실 장아찌죠. '호시'가 '보시'로 발음 변형이 됐네요. 말린 음식에 사용되는 '호시'가 쓰인 단어에는 '호시이모干し芋: 말린 고구마', '호시부도干し葡萄: 건포도', '호시가키干し柿; 곶감' 등이 있네요. 한편, 절임 음식으로 유명한 '우엉절임'은 '소 우牛'와 '우엉 방蒡'을 합친 고보牛蒡이고 '뫼 산山'의 '야마山'를 더한 야마고보山牛蒡는 '산우엉'이죠.

일본어로 '사군자(四君子)'는? 매화나무 매(梅)'는 '우메(梅)', '난초 란(蘭)'은 '란(蘭)', '국화 국(菊)'은 '기꾸(菊)', '대나무 죽(竹)'은 '다케(竹)'랍니다.

아오리 한자 '푸를 청靑'을 쓰는 아오리靑는 사과의 한 품종이죠. 일본의 혼슈本州 북단에 위치한 아오모리靑森현 사과시험장에서 '골든 딜리셔스'에 '홍옥'을 교배하여 '아오리靑 2호'로 이름 지었다가, 1975년에 쓰가루津軽란 이름으로 바뀌었어요. '나루 진津'의 '쓰津'와 '가벼울 경軽'의 '가루軽'로, 혼슈 북단에 돌출되어 있는 반도의 이름이죠.

Pun & Joke 아메리칸 드림

큰 신은? 위스콘신
미시들의 총은? 미시건
사면이 바다인 주는? 네바다
오타 낸 사람들이 가는 곳은? 오타와
씻고 나서 돌면? 클린턴
아담의 부인이 사는 곳은? 하와이
애들이 때리면? 애틀란타

가장 큰 차는? 알래스카
그릇을 돌리면서 씻으면? 워싱턴디쉬
새로 나온 욕은? 뉴욕
1원도 안 남기면? 클린턴
사장님이 회전의자에서 돌면? 보스턴
일본의 아침은? 오하이오
수필의 나라는? 미국(有엣세이=USA)

노래를 제일 잘하는 프랑스인은?
음주 측정에 사용되는 언어는?
호날두가 햄버거를 먹으면?

돈가스 돼지 돈豚과 영어 커틀렛cutlet의 '카쓰カツ'를 합쳐서 돈카쓰豚カツ라고 하죠. '돼지 돈豚'에 '발 족足'의 '소쿠足'를 붙인 돈소쿠豚足는 돼지 족발이에요. 이때 카쓰カツ는 '이길 승勝'의 카쓰勝와 발음이 같아, 시합 전에 돈카쓰를 먹으면 이긴다는 속설이 있지요.

까치와 까마귀 우리나라 새 까치의 발음이 '이길 승(勝)'의 '카치(勝ち)'와 비슷해서 일본으로 건너가 '사가(佐賀)'현의 새가 되었는데, '카치(勝ち; 승리)에 대한 열망이겠죠. 한자는 '까치 작(鵲)'을 쓰고 '가사사기(鵲)'라고 해요. 참고로 '까마귀'는 '까마귀 오(烏)'의 '가라스(烏)'죠. 까마귀와는 정반대의 색인 '백로'는 '흰 백(白)'의 '시로(白)'와 '해오라기 로(鷺)'의 '사기(鷺)'가 합쳐져 '시라사기(白鷺)'라고 해요. '시로(白)'가 '시라'로 발음 변형되었죠.

닌진 한자 '사람 인人'과 '석 삼參'을 써서 닌진人參이라고 읽는데, 우리식으로 읽으면 '인삼'이죠. 그런데 일본에서는 '당근, 홍당무'을 뜻해요. 그렇다면 우리가 부르는 인삼은 일본어로 무얼까요? '높을 고高'와 '고울 려麗', 즉 고려高麗를 고라이高麗라고 읽어 고라이닌진高麗人參이라고 해요. 참고로 '양배추'는 원래 간랑甘藍이라고 했는데, 요즘은 외래어 캬베츠キャベツ를 사용하죠.

다마네기 한자 '구슬 옥玉'의 '다마玉'와 '파 총葱'인 '네기葱'를 합쳐 다마네기玉葱라고 하죠. 뜻은 아시다시피 '양파'예요. 일본에서는 까도 까도 같은 흰색이 나오기 때문에 '변함없는 모습'을 뜻한다네요.

재미나는 아이디

고박호구마	고성방가방가	관우장비조조할인
광개토템	광박관념	국데워라금순아
국민대대통합	국악한마당	귀뚜라미가슴보일라
귀신이고칼로리	그것만알고싶다	그대내게햄버거주는사람

아재 개그

사랑니로 아프면?
이가 파란색으로 변하면?
갑자기 난 이빨은?

차라리 으드등이 아뭏
블루슬슬
새들니

오방떡 많이 들어는 봤는데, 무슨 뜻인지 모르는 게 있어요. '오방떡'이 그 중 하나 아닐까요? '오방'은 한자 '큰 대大'의 '오大'와 '판단할 판判'의 '방判'이 합쳐진 말이에요. 커다란 금화를 뜻하는데요. 보통 우리말로는 '왕풀빵'이라고 하죠. 센베이 煎餅도 많이 쓰는 말인데요, 이것도 전병煎餅을 일본 식으로 발음한 것이에요. 한자는 '달일 전煎'과 '떡 병餅'이네요.

니기리 한자 '쥘 악握'의 '니기리握'에 접두어 '오御'를 붙이면 오니기리御握가 되고, 이건 일본식 주먹밥을 뜻하죠. 니기리握에 앞에서 나왔던 스시鮨를 붙이면 니기리즈시握り鮨가 되는데, 생선 초밥을 뜻하죠. '스시'가 '즈시'로 발음 변형이 되었네요.

벤또 도시락을 뜻하는 너무나 유명한 말이네요. 한자는 '고깔 변, 즐거워할 반弁'과 '마땅할 당当'을 써요. 일본 철도 JR Japan Rail의 각 역 앞에서 파는 도시락을 에키마에벤토駅前弁当라고 하죠. 한자 '역참 역駅'의 '에키駅'와 '앞 전前'의 '마에前'를 썼네요. 줄여서 에끼벤駅弁이라고 하죠. 애처가愛妻家들은 아내가 정성껏 싸준 아이사이벤토愛妻弁当를 좋아한다네요. 도시락에 흰밥을 넣고 한가운데에 '우메보시梅干 – 매실 짠지'를 하나 얹으면 일본의 국기 모양과 비슷하다고 해서 히노마루벤토日の丸弁当라고 해요. '일장기'를 '히노마루'라고 하죠. '날 일日'의 '히日'와 '알 환丸'의 '마루丸'네요.

호렌소 시금치를 뜻하는 호렌소ほうれんそう는 영양분이 좋은 식재료로 알려져 있죠. 이것이 비즈니스에 적용되면 아주 기본이 되는 소양이 된다네요.

비즈니스맨의 기본 '호렌소(ほうれんそう)'의 한 글자 한 글자를 다음과 같이 나누면 비즈니스맨의 기본 자세를 나타낸다지요. '호꼬꾸(報告) – 보고', '렌라꾸(連絡) – 연락', '소당(相談) – 상담. 무슨 일이든 보고하고 항상 연락이 닿게 하며, 모르는 것은 상담하여 물어라!

까마귀 울음소리는?
바지가 잠기면?
도시 전체가 잠기면?

정답란
바지잠(LOCK)
도시잠(LOCK)

마끼 마끼巻는 '말 권卷'으로 맒, 감쌈, 옷감을 말아 놓은 것을 뜻해요. 여기에 노리海苔, 즉 '김'을 붙이면 노리마끼海苔巻가 되어 '김밥, 김초밥'을 뜻하죠. 우리가 계란마끼巻라고 하면 '계란말이'라는 뜻이 되겠죠. '계란'이 '알 란卵=玉子'을 써서 '다마고卵=玉子'이므로 일본어로는 다마고마끼卵焼巻가 되겠네요. 한편 '김'과 비슷한 '파래'는 '푸를 청靑'인 '아오靑'를 써서 아오노리靑海苔라고 해요.

찹쌀모찌 모찌餠는 '떡 병餠'으로 '떡'을 뜻해요. 따라서 찹쌀모찌는 '찹쌀떡'이죠. 가방모치かばん持ち라는 말도 많이 들어 봤죠. 가방かばん과 '가질 지持'를 써서 '수행비서' 정도의 뜻을 가져요.

모나까 '가장 최最'의 '모最'와 '가운데 중中'의 '나까中'가 어울린 모나까最中는 '한창 때, 최고 맛있는'이란 뜻인데, 속을 맛있는 것으로 채운 '팥소 과자'의 한 종류이기도 해요.

낑깡 '쇠 금金'의 '낑金'과 '귤 감柑'의 '깡柑'으로, 황금색이 나는 귤이란 뜻으로 '금귤'이죠. 참고로 밀감密柑은 '빽빽할 밀密'이란 한자이고 미깡密柑이라고 읽어요.

오꼬시 쪄서 말린 쌀 따위를 볶은 다음에 깨, 콩, 김 등을 넣고 물엿 등으로 굳힌 과자죠. 한자로는 오꼬시粔籹처럼 써요.

 아재 개그

불이 났는데 안 뛰는 이유는?
바닷가재가 바다에 가자고 하는 말은?
배가 불러서 바다에 간 이유?

주전자(鑄錢子)니까
가재가자
배나와서

앙꼬 '앙꼬 없는 찐빵'처럼 쓰인 앙꼬餡子는 팥소나 팥고물 등 속을 채우는 물건을 뜻하죠. 앙꼬모치餡子餅나 앙꼬빵餡子パン 모두 팥소나 팥고물 등이 들어간 떡과 빵을 뜻해요.

삐오꼬 병아리 모양의 델리만쥬를 가리키는 이 말은 병아리를 뜻하는 히요꼬ひよこ와 병아리
의 울음 소리(삐약삐약)가 어울려서 만들어진 말은 아닐까?

요깡 요깡羊羹은 '양 양羊'과 '국 갱羹'을 써서 팥소에 설탕, 우무를 넣어 반죽하여 찐 과자로 양갱羊羹이다. 한편, '둥글 단団'의 '당団'과 '아들 자子'의 '고子'가 합쳐진 당고団子는 '경단'을 뜻하죠.

 알까기 레알 사전 활명수

활 잘 쏘는 여자를 **활 기찬 여자**라고 합니다.
활 잘 쏘는 남자를 까수명수 아닌 **활명수**라고 하지요.
방귀 뀌면서 활을 잘 쏘는 사람을 **까스활명수**라고 한답니다.
가장 인기 있는 남자는 술 잘 쏘는 오빤데, 소띠들이 술을 잘 쏜답니다.
서로서로 **"제가 쏩니다"**라고 하죠.

재생을 욕하면?
빨리 감기 걸리면?
감기에 또 걸리면?

야끼니꾸

인간을 동물과 구분짓게 한 것은 단연 식재료를 불에 구워서(燒く) 먹은 사실이겠죠. 굽는 행위는 그런 면에서 가장 원초적인 음식 조리법의 하나가 아닐까요? 여기에 더해 끓는 물에 데치는 행위 또한 맨불에 굽는 행위와 크게 다르지 않아요. 여기에서는 이 두 행위와 관련된 음식을 소개해 볼까요?

야끼 야끼燒는 '불사를 소燒'에서 유래한 말로 '구운 음식'을 뜻해요. 야끼모노燒物는 '만물 물物'의 '모노物'를 덧댄 말로 생선, 새고기, 쇠고기 따위의 '구이 요리'인데요. 흙으로 구워 만든 미술품인 '도자기'를 뜻하기도 하죠.

야끼니꾸燒肉는 한자 '고기 육肉'의 '니꾸肉'가 붙어서 '불고기'를 뜻하지요.

바니꾸馬肉는 '말고기'로 '말 마馬'의 '바馬'와 '니꾸肉'가 만났네요. '앵두나무 앵桜'을 써서 사꾸라니꾸桜肉라고도 하죠.

야끼토리燒鳥는 '새 조鳥'의 '도리鳥'를 붙여, '닭꼬치'를 뜻해요. '닭볶음탕'을 '닭도리탕'이라 했지요. '도리'의 어원이 '잡는다'는 의미의 '취할 취取'라는 주장도 있네요. 관련해서 니와토리鶏는 한자 '닭 계鶏'를 써서 '닭'이란 뜻이죠. '뜰 정庭'의 '니와庭'와 '새 조鳥'의 '토리鳥'처럼 원래는 뜰에서 키우는 새라는 말에서 나온 단어겠지요.

새와 문어 우리는 누군가의 미련함을 핀잔 줄 때 '새 대가리'라는 말을 써요. 일본에서는 '다코(蛸)', 즉 문어를 써서 '다코야로(蛸野郎)'라고 한다네요. 물론 '바카야로(馬鹿野郎)'라고도 하죠.

 아재 개그

전기 맛이 나는 파이는?
축구 감독이 가장 좋아하는 골프 샷은?
와이파이가 잘 터지는 곳은?

야끼만두烧饅頭는 '군만두'를 말하는데 야끼교자烧餃子=烧ギョーザ라고 해요.

야끼우동烧うどん은 '구운 가락국수' 또는 구운 우동うどん이며, 야끼소바烧蕎麦의 소바蕎麦는 '메밀, 메밀우동'이죠.

야끼짬뽕烧ちゃんぽん은 짬뽕ちゃんぽん에 야채를 섞어서 볶은 요리죠.

야끼이모烧芋는 야끼烧에 '토란 우芋'의 '이모芋'를 붙인 말로, '군고구마'죠.

야끼모찌烧餠는 야끼烧에 '떡 병餠'의 '모찌餠'가 더해져 '구운 떡'이란 뜻이에요. 다른 한편으로는 '시샘'이나 '질투'를 뜻하기도 해요.

시오야끼塩烧는 '소금 염塩'의 '시오塩'를 넣어 구운 '소금구이'를 말하지요.

타이야끼鯛烧는 '도미 조鯛'의 '타이鯛'인데, '붕어빵'이에요. 우리는 '붕어'인데, 일본은 '도미'라고 했네요.

다코야끼蛸烧에서 '갈거미 소蛸'의 '다코蛸'는 '문어, 낙지'를 뜻해요. 밀가루 반죽에 문어를 넣어 둥글게 만든 구이 요리죠.

건배사 막걸리-주전자, 위하여-마스터

막힘없이 **걸**쭉하게 **리**드미컬하게,
주인답게 **전**문가로 **자**신있게!
위(上) **아래**(下) 나이, 직책 따지지 말고 같이(**如**) 즐기자 허심탄회하게!
마음껏 **스**스럼없이 **터**놓고 마시자!

가을에 벼를 수확하는 이유는?
호날두가 추우면?
가을비가 오면 추워지는 이유는?

추수(秋收)하니까
호 추운 날두
쌀쌀해지니까

스키야끼 '호미 서鋤'의 '스키鋤'는 농기구 '가래'라는 뜻인데요. 야키燒가 붙어 스키야키鋤燒가 되면 일본 음식을 대표하는 '왜전골 요리'라는 뜻이에요.

로바타야끼炉端燒는 '화로 로炉'의 '로炉'와 '끝 단端'의 '하타端'를 연결한 말로, 화로 가에서 먹는 즉석 구이 요리죠.

나베야끼鍋燒는 '노구솥 과鍋'의 '나베鍋'로, 육류를 야채와 함께 냄비에 볶는 것처럼 해서 익힌 요리인 '냄비 볶음'이에요.

오고노미야끼는 접두어 '오お'와 '좋을 호好'의 '고노미好'로, 취향대로 골라서 굽는 요리를 말해요.

데리야끼照燒는 '비칠 조照'의 '데리照'로, 빛나게 구워서 '윤기 구이' 또는 '광택 구이'을 뜻하죠.

뎃판야끼鉄板燒는 철판鉄板인 뎃판鉄板으로, '철판구이'예요.

쿠시야키串燒는 '꽂 꽂串'의 '쿠시串'로 '꼬치구이'죠.

호르몬야끼 ホルモン燒는 곱창인 호루몬ホルモン으로, 곱창구이네요.

다마고야끼卵燒=玉子燒는 '알 란卵'의 다마고卵=玉子로, 계란말이예요.

'스가 요시히데菅義偉' 총리

성명학적으로 풀이해 보면, '스가'를 4번 외치면 '역시, 정말이지, 과연, 대단한, 자타가 공인할 정도의'란 뜻의 '사스가(さすが)'가 된다. 한일교류가 '사스가' 소리를 들을 정도로 '좋다'는 의미인 '요시(良し, 善し, 好し, 佳し)라는 평가를 들어 '세상에 드물다'. 희대(稀代)를 넘어 '좀처럼 듣지 못한다'는 의미인 '희대미문(稀代未聞)의 기록을 세워 그 어느 때보다 친밀한 한일관계 만들기를 기대해 본다.

아재 개그

금슬 좋은 부부의 비결은?
가장 잘 막는 골키퍼는?
골키퍼에게 필요한 영양소는?

류나 당음(x)
아마가
아가미몸

34

샤부샤부　샤부샤부는 '살짝살짝, 찰랑찰랑'이라는 의태어로 살짝 데쳐 먹는 요리죠.

돈부리　한자 '우물 정丼'을 쓰고 돈부리丼라고 발음해 '덮밥'을 뜻해요.

오야꼬 돈부리親子丼는 '어버이 친親'의 '오야親'와 '아들 자子'의 '꼬子'를 오야꼬親子라고 읽고, 닭고기 계란덮밥을 뜻하죠. 참고로 한자 丼은 돈부리丼로 발음하고, 井은 이井로 발음해요.

Pun & Joke　검은 고양이 네로

고양이가 좋아하는 시장은? G마켓
고양이가 열리는 나무는? 묘목
고양이가 좋아하는 종교는? 카톨릭(Cat holic)
고양이가 많이 사는 동네는? 고양시
양이 맨 꼭대기에 있을 때는? 고양이
고양이 두 마리가 비슷하면? 비스캣
힘이 센 말과 고양이는? 슈퍼마캣
미쓰 고가 어렸을 때는? 고양(高樣)이죠
고양이가 싫어하는 동물은? 미어캣(미워)
양 두 마리가 죽으면? 고양이(故)
고양이에게 이긴 강아지가 한 말? 내가 쫌 강아지
민망한 고양이는? 머쓰캣
고양이에게 쫓긴 쥐가 한 말은? "나 쥐약 먹었다."

건너편 사는 맨유의 수호신은?
뮌헨의 명키퍼 마누엘 노이어가 집에 못 가는 이유?
마그마의 반대말은?

나베모노 '노구솥 과鍋'의 나베鍋와 '만물 물物'의 '모노物'로 구성된 나베모노鍋物는 일본의 냄비 요리 또는 전골 요리를 뜻해요. 챵코나베ちゃんこ鍋의 챵코ちゃんこ는 살을 찌워야 하는 스모선수들이 먹는 음식이라 고칼로리인 생선, 고기, 야채 등을 큼직하게 썰어 큰 냄비에 넣고 끓여 먹는 요리죠. 서울 청담동에 문을 연 와카若는 챵코나베ちゃんこ鍋의 서울 분점이라네요. 닭과 오리를 우려낸 국물에 소금으로 간을 한 시오나베塩鍋, 미소味噌 된장을 풀어 끓인 미소나베味噌鍋, 그리고 미소나베味噌鍋에 김치를 더한 김치나베キムチ鍋 등도 나베모노鍋物에 속하죠.

가브리살 가부리被는 한자 '입을 피被'로 여기에 우리말 '살'이 붙어 돼지의 '등겹살'을 뜻해요. 돼지의 목심과 등심의 연결 부위에 붙어 있는 사람 손바닥만한 오각형 모양의 살코기죠.

다시 한자 '날 출出'을 쓰는 다시出는 '물건을 내놓거나 꺼냄'이란 뜻인데, 다시마나 가다랭이포, 멸치 등을 끓여서 우려낸 국물로, 음식의 간을 하는 데 쓰이죠. '맛국물'이나 '우린 국물' 정도의 뜻이겠네요. 와사비山葵 – 고추냉이, 오뎅おでん, 미링味醂 – 조미료용 술, 덴뿌라テンプラ, 곤약コンニャク 등은 '다시'처럼 우리의 일상생활에 깊게 들어와 있죠.

 아재 개그

망치와 스패너로 싸우면?
축구 선수들이 자주 가는 카페는?
축구 선수가 골을 넣고 받는 돈은?

망소공
웬카
기러시친

와사비와 가라시 '와사비(山葵)'는 겨자과에 속하는 다년초로 매운 맛을 내는데, 냉이 뿌리 같이 생겨서 '고추냉이'로 부르는 뿌리식물로 회를 먹을 때 쓰고, '겨자'는 '가라시(芥子)'라고 불리는 아주 작은 씨앗으로 만든 양념인데, 냉면에 넣거나 야채 등을 찍어 먹어요.

마메콩 이 말은 겹말의 한 예네요. 우리가 '역전앞'이라고 잘못 쓰듯이 말이죠. '마메' 자체가 '콩 두豆'의 '마메豆'죠. 그래서 완두豌豆콩도 '엔도마메'라고 했죠. 도장 뒷면을 '콩도장'이라 하여 '마메인豆印'이라고도 했어요. 실인實印은 지쯔인實印으로 '도장, 인장'을 말하는데, 항꼬判子라고도 부르죠. '성실'도 마메忠實, 마지메真面目로 마메豆와 발음이 비슷하여 약혼의 증거로 예물을 교환하는 물품에 속하지요.

결재 서류에 도장 찍기 일본 회사의 품의서에 찍은 도장을 보면, 최고 책임자는 똑바로 세워서 찍는 것에 비해, 부하 직원들은 경례하는 자세인 15도 기울여서 찍어요.

재미나는 아이디

- 그대발길질머무는곳에
- 기승전병
- 꼬출든낭자
- 굵은악마
- 글래머웨이터
- 깐죽거리잔혹사
- 꼴이말이아닌게아니야
- 나스타샤킨사이다
- 금광산관광
- 껌이라면역시씹던껌
- 꼼짝마움직이면서쏜다
- 나의라임오지는나무

부은 데 3일 간다는 곳은?
즐라탄의 허벅지는?
바바리맨이 축구를 잘 못하는 이유는?

곧추앉아리서 (축구공리)
줄탄자를
곰(유숙지)사기스니지(라움배)

스지 '스지된장찌개'라고 할 때 '스지'는 '힘줄 근筋'의 '스지筋'로, '소의 다리 근육살'을 뜻해요. 한편 '힘줄 근筋'은 '긴筋'이라고도 읽는데, 스지토레筋トレ 또는 긴토레筋トレ에서 쓰이죠. 토레トレ는 '트레이닝'이란 뜻의 약어로서 '근력筋力 트레이닝'을 뜻하죠.

스모노 '초 초酢'의 '스酢'와 '만물 물物'의 '모노物'가 합쳐진 스모노酢物는 식초를 이용한 절임 요리인 '초무침'을 뜻해요. '~모노物'로 이루어진 말로 '오를 양揚'의 '아게루揚げる – 튀기다'를 사용한 아게모노揚物와 '삶을 자煮'의 '니루煮る – 삶다'를 이용한 니모노煮物 등이 있네요. 각각 '냄비에 각종 재료를 잔뜩 넣어 끓인 기름에 튀긴 식품'와 '끓인 요리'를 뜻해요.

아부라게 '기름 유油'의 '아부라油'와 '아게揚 – 튀김'가 만나 아부라아게油揚가 되었고 여기에서 '아'가 탈락되어 아부라게油揚로 읽죠. '튀김, 유부'의 뜻이죠. '식물성 기름'은 '기름 유油', '동물성 기름'은 '기름 지脂'를 쓰는데 발음은 둘 다 '아부라油, 脂'랍니다.

다대기 '다진 양념'을 뜻하는 '다대기'는 '두드릴 고叩'의 다타끼叩き에서 바뀐 말이에요. 음식을 두드려서 다진다는 뜻이겠죠!

곤냐쿠 '곤약'이라고도 부르는 곤냐쿠崑蒻는 구약나물, 구약 감자, 우무 등을 말하지요.

 아재 개그

키가 가장 큰 선수는?
브라질 전용 아이스크림은?
안개로 만든 아이스크림은?

키다리
바닐라
포그스바(fog)

호다이 호다이放題는 하고 싶은 대로 하다, 마음대로 하다, 내키는 대로 하다라는 뜻이죠. 여기에 음식 이름을 붙이면 '~뷔페'라는 뜻이 돼요.

다베호다이食べ放題는 음식을 마음대로 먹을 수 있는 곳, 즉 바이킹バイキング라고도 해요.

노미호다이飲み放題는 마실 것을 마음껏 마시는 것이죠. 이처럼 호다이放題를 음식 이름뿐 아니라 다른 종목에 붙이면 그것을 마음껏 할 수 있다는 뜻이 돼요.

우따이호다이歌い放題는 노래를 마음껏 부를 수 있는 곳.

우찌호다이打放題는 골프 연습장에서 공을 실컷 칠 수 있는 곳.

야리호다이やり放題는 마음대로 실컷 할 수 있는 곳이죠.

알까기 레알 사전 — 총량불변의 법칙

상사가 주는 술을 '**하사주**'라 하고,
상사에게 바치는 술을 '**대령주**'라 하지요.
술을 잘 못 마시면 과실주, 술이 넘어가는 곳은 **절**이랍니다. **술이 절로 넘어간다**고 하지요.
100병의 술을 마시며 치르는 접대 전투를 **백병(百瓶)전**이라 하고, 양주, 소주, 탁주, 맥주, 안주가 한자리에 있으면 **주주총회(酒)**죠.
'일생에 마실 술의 양이 미리 정해져 있다'는 이론이 바로 '**총량불변의 법칙**'이라고 합니다.

남자 가슴을 영어로?
지단이 경기에서 지면 하는 말은?
영국 축구 선수 중 일본 사람은?

체스트(chest)
어쩌다 지디니
배용 후니

오사께

동서고금을 통해 술과 관련된 이야기는 하늘의 별만큼이나 많아요. 술 한 모금에 예술을 논하고 술 두 모금에 인생을 이야기하죠. 여기에도 일본어와 섞인 다양한 표현들이 있어요. 술의 세계로 들어갈 볼까요?

오사께   오사께お酒는 '술 주酒'의 '사께酒'에 접두어 '오お'가 붙은 형태로 '술'을 뜻하죠. 지금은 없어졌지만, 전에 정종正宗이라는 술이 있었어요. 이것은 일본의 청주 브랜드인 마사무네正宗의 한자를 우리식으로 읽은 거죠. 근대의 무장이었던 다테 마사무네伊達 政宗에서 유래되었다는 설이 있다네요. 요즘은 혼술도 많이 하죠. '혼자'라는 뜻의 히토리一人에 '사께酒'를 써서 히토리자케一人酒라고 하죠. '손 수手'의 '데手'와 '술부을 작酌'의 '자쿠酌'를 합쳐 데자쿠手酌라고도 한다네요. 그럼 저녁에 하는 반주는 뭐라고 할까요? '저물 만晩'과 '샤쿠酌'를 합쳐 반샤쿠晩酌라고 해요. '자쿠酌'는 '샤쿠酌'의 발음 변형.

재미나는 아이디

거져줄게잘사가	건빵진녀석	결론은미친짓이다
고객이ko할때까지	고대없이는못살아	고양이맛다시다
골드만삭스리	곰탕재료푸우	공공의젓갈
과유불금	나이란사람이야	낭만닭털

아재 개그

교인이 술을 사랑하면?
간첩을 부르면 매운 이유?
등산 가서 눈 맞으면?

성수를 사랑해서(성수=聖水=거룩할수)
아리 스파이크(spicy)
거시 눈발(당아)

미즈와리 한자 '물 수水'의 '미즈水'와 '나눌 할割'의 '와리割'가 만난 미즈와리水割는 술에 얼음을 타서 묽게 하는 것을 뜻하죠. 소개비로 일정 비율을 받는 것을 우리는 '와리割 먹는다'고 했지요. 와리잔割算은 '나눗셈'이에요. 미즈나오시水直し는 '곧을 직直'의 '나오시直'로 '물청소'를 말하지요.

쪼끼 쪼끼ジョッキ는 '주전자'의 영어 '저그jug'의 일본식 발음이라네요. '쪼끼쪼끼'라는 맥주 체인도 여기에서 유래되었겠죠.

고뿌 고뿌cup는 '잔, 컵'이죠. 구라부俱楽部의 어원은 클럽club에서 나왔는데, '단체, 클럽'을 의미하지요.

Tip & Talk — 폭탄주의 재구성(융복합)

소주 + 백세주 = 오십세주
백세주 + 산소주 2병 = 백두산
라거 + 이슬 + 드라이 = LED(불빛)
클라우드 + 처음처럼 = 구름처럼
소주 + 백세주 + 산사춘 + 맥주 = 소백산맥
테라 + 참이슬 = 테슬라
테라 + 진로 = 태진아
테라 + 진로 + 사이다 = 테라로사
천년의 아침(보해) + 백세주 = 천세주
그럼, 카스 + 테라 = 카스테라라면, 테라 + 카스 = 테스 兄?

"테라 맥주로 사 줘."를 네 글자로 줄이면? (테라사줘(TERRA))
식인종 아들의 밥 투정은? (살코기없장)
식인종이 남자를 좋아하는 이유는? (여자는해감)

다찌노미 한자 '설 립立'의 '다찌立'와 '마실 음飮'의 '노미飮'가 합쳐진 다찌노미立飲는 서서 마시기란 뜻이죠. 여기서 노미飮에 '모일 회会'의 '카이会'를 붙이면 노미카이飮会가 되는데, '(술 마시는) 회식'을 뜻해요.

노미야 위에 나온 '노미飮'에 '~하는 집'이란 뜻 '집 옥屋'의 '야屋'를 붙이면 '술 마시는 집주점'을 뜻해요. 이때 '야屋'에 '술 주酒'의 '사케酒'를 붙이면 사카야酒屋가 되는데, 술을 만들어서 파는 가게라는 뜻이에요. '사케'가 '사카'로 발음 변형이 되었네요. 술을 마실 수 있는 가게는 아니예요. 그럼 '술 주酒'가 들어간 술을 마실 수 있는 가게는 뭐라고 할까요? 바로 앞에도 한 번 나왔던 이자카야居酒屋, 즉 선술집, 대폿집이죠. 보너스로 고급술 하나만 소개하면 히레자케ひれ酒라는 게 있어요. 복어 지느러미를 말렸다가 알맞은 크기로 잘라 구운 후, 잔에 넣고 그 잔에 뜨겁게 데운 청주를 붓죠. 그리고 뚜껑을 덮어 구운 지느러미의 향이 청주에 녹아들 때까지 기다렸다가 마시는 술이죠. 어때요? 입에 군침이 돌지 않나요?

 건배사 인사불성, 대도무문, 대기만성

인간을 사랑하라 불경에도 있고 성경에도 있다
대리운전 도착하니 무리해도 문제없다
대리기사 기다리니 만취해도 성안낸다

 아재 개그

한국인 304명이 다니는 기업은?
길에 넘어지면?
안 운 사람이 없는 길은?

와리깡 한자 '나눌 할割'의 '와리割'와 '조사할 감勘'의 '깡勘'을 합친 와리깡割勘은 나누어서 계산한다는 뜻, 즉 '각자 부담, 더치페이'죠. 이런 뜻으로 하는 말 중에 '가부시키'하  자는 것도 있죠. 이것의 원래 뜻은 '그루 주株'의 '가부株'와 '법 식式'의 '시키式'를 쓴 가부시키株式로 주식株式이죠. 한자 '가질 지持'의 '모치持ち'를 겹친 모치모치持ち持ち도 '각자 부담'을 뜻하죠.

 자기PR

현대는 P할 것은 P하고 R릴 것은 R리는 **자기PR 시대**죠.
가수 비, "나 비야"하니까, 김태희는 "**나비부인!**"이라고 하네요.
메시가 "메신 접니다" 하니까, 짐승은 "**금수 접니다**"라네요.
고도리가 "나 고야" 하니까, 선동렬 감독은 "**나고야의 태양**"이라고 하죠.
나고야 시장이 88올림픽 유치 경쟁에서 서울시에 **낙오**되자 외쳤습니다.
"우리 시는 나고(**낙오=落伍**)야!"

다운로드의 반대말은?   업로드
스님이 가는 내리막 길은?   중내리막
스님이 되기 위해 준비할 자료는?   중이자료

쓰키다시 한자 '갑자기 돌突'의 '쓰키突'와 '날 출出'의 '다시出'를 합친 쓰키다시突出는 주문 전에 내놓는 가벼운 음식이나 안주를 뜻해요. 비슷한 말로 한자 '통할 통通'을 사용한 오토시お通し가 있어요. 일본은 우리나라와 달리 계산서에 포함되죠. 우리가 흔히 전채前菜라고 하기도 하죠. 일본어로는 젠사이前菜라고 해요. 쓰키다시突出의 경우 한자만 보면 우리말의 '돌출'인데요. 툭 튀어나왔다는 이 뜻으로 쓰일 때는 '돗슈쓰'라고 발음해요. 한편, 일본의 유명한 스포츠 스모를 보면 여기에도

쓰키다시突出라는 기술이 있어요. 발음과 표기가 똑같죠. 이 기술은 손바닥으로 상대의 가슴이나 얼굴을 가격해 씨름판(도효) 밖으로 밀어내는 기술이랍니다. 음식과 관련된 것이니까 '끊을 절切'의 '키리切'가 쓰인 쓰키키리突き切り의 뜻도 덧붙여 두죠. 식재료를 자를 때 바깥쪽으로 힘을 주어 단번에 자르는 칼질을 뜻해요.

간빠이 한자 '마를 건乾'의 '간乾'과 '잔 배杯'의 '하이杯'를 합친 간빠이乾杯는 건배乾杯라는 뜻이죠. '하이杯'가 '빠이杯'로 발음 변형되었네요. '빠이杯'와 관련해 우리가 잘 아는 말이 또 있죠. 바로 '잇빠이一杯'죠. '가득'이란 뜻도 있지만, '한 잔'이란 뜻도 있어요. 또 우리가 쓰는 말 중에 후래자

삼배後來者三杯라는 말이 있어요. 늦게 온 사람은 술 석 잔부터 마시고 시작한다는 뜻이죠. 일본에도 이런 뜻의 말이 있어요. 대표적인 것이 가케쓰케삼바이駆け付け三杯죠. 삼바이三杯는 한자만 봐도 '석 잔'이라는 뜻임은 바로 알 수 있고, 가케츠케駆け付け는 '급하게 달려서 도착하다'라는 뜻이에요. 늦었다는 뜻이죠. 같은 뜻으로 '늦을 지遲'를 사용한 오쿠레삼바이遲れ三杯도 있네요.

 **아재 개그**

홀로그램을 영어로?
얼굴은 6개, 눈은 21개인 것은?
술이 센 사위는?

9(6j mg f9)

호사이

호사이(酒)

히야시 맥주는 역시 차게 해서 마셔야 제맛이죠. 한자 '찰 랭冷'을 사용한 히야시冷やし가 '차게 한 것'을 뜻하죠. 발음이 비슷한 말 중에 히야까시冷かし가 있죠. '놀림' 또는 '놀리는 사람'을 뜻해요. 어디나 분위기 썰렁하게 만드는 사람은 있게 마련인가봐요. 히야시冷やし를 어떤 사람은 '시야시'라고 하는 경우도 있는데요. 이는 우리말에서 'ㅎ'이 'ㅅ'으로 바뀌는 발음 현상(형님 → 성님) 때문에 변형된 것 같아요.

가이세끼 한자 '모일 회会'의 '가이会'와 '자리 석席'의 '세끼席'가 합쳐진 가이세키会席는 회석요리会席料理, 즉 연회석에 나오는 고급 요리를 뜻하죠.

알까기 레알 사전 수리지

그늘집 다음 홀에서는 음주 측정 지역 있는 것 아시죠?
조금 전 그늘집에서 마신 게 **술이(?)지**?
Hite에서 운영하는 블루헤런CC에는 OB가 없답니다.
하이튼(?) 쳐야 합니다.
떠블을 가장 많이 하는 스포츠 스타는 무하마드 알리랍니다.
별명이 **떠벌이**(?)지요.
알리가 물건을 구입하면 알리바이라고 하는데, 알리가 헤어질 때 인사도 알리바이라고 한다지요.

서기가 한 명 있으면?
서기가 짱이면?
영웅호걸이 여자를 좋아하는 이유는?

마호병

음식점이나 술집에 가면 먹고 마시는 것만 있는 건 아니죠. 즉 먹고 마시는 데 필요한 여러 물건들이 있어요. 와리바시, 사라, 자부동, 차단스 등. 하지만 아끼바리는 간수를 잘 해야죠! 맛있게 먹고 멋있게 마셨다면 계산도 품나게 하시고, 요지 챙기는 거 잊지 마세요.

마호병 한자 '마귀 마魔'와 '법 법法'을 써서 마호魔法라고 읽고 '마법'을 뜻하죠. 여기에 '병 병瓶'을 붙여 생긴 말이죠. 옛날에는 물의 온도를 오랫동안 유지해 주는 것이 마법 같은 이야기였던 셈이네요.

오봉 오봉御盆은 접두어 '오御=お'와 '동이 분盆'의 '봉盆'을 써서 '쟁반'을 뜻하죠. 음식과 관련이 없는 뜻으로는 음력 7월 15일 전후의 우란분을 뜻하기도 해서 오봉야스미お盆休み라고 하면 '쉴 휴休'의 '야스미休'가 붙어 '백중맞이'를 뜻해요.

🥂 건배사 주경야독, 주경야동, 적반하장, 뒤죽박죽

낮에는 가볍게 밤에는 독하게(晝輕夜毒)
낮에는 가볍게 밤에는 동이 틀 때까지(동이 나도록)
낮에는 **적반하장**, 밤에는 **뒤죽박죽**
적당한 반주는 **하**느님도 **장**려한다 vs **D**지고 **죽**더라도 **박**고 **죽**자

 아재 개그

국민MC 유재석이 무서워하는 사람은?
유재석이 국을 옆으로 밀어 놓으면?
혼자 돈을 내면?

유재석MC(갓없재유)
국밀어MC(국 밀)
홀로프로드(혼밥)

사라 사라皿는 '그릇 명皿'을 써서 '접시'죠. 여기에 '재 회灰'를 써서 하이자라灰皿라고 하면 '재떨이'가 돼요. 또 '취할 취取'의 '토리取'를 붙이면 토리자라取皿로, 음식을 각자 덜어 먹는 '앞접시'란 뜻이죠.

샤쿠시 샤쿠시杓子는 '구기 작杓'과 '아들 자子'로, '국자, 주걱'을 뜻해요. 여기에 오타마お玉를 넣은 오타마쟈쿠시お玉杓子는 둥근 모양의 자루 달린 국자인데, 같은 모양의 올챙이 및 속으로 악보의 음표(♩♪) 따위를 뜻하는데, 우리는 콩나물 대가리로도 쓰이죠.

요지 요지楊枝는 '버들 양楊'과 '가지 지枝'로 '이쑤시개'를 말해요. 버드나무 가지가 재료인 모양이네요.

와리바시 와리바시割箸는 '나눌 할割'의 '와리割'와 '젓가락 저箸'의 '하시箸'가 합쳐진 것으로 반으로 나누어 사용하는 '나무 젓가락'이죠. '하시'가 '바시'로 발음 변형이 되었어요. 다케바시竹箸는 '대 죽竹'의 '다케竹'로 '대젓가락'을 말하지요.

재미나는 아이디

난앓아요	난장이가쏘아올린작은곰	내마음잘곳을잃어
넌내게모욕값을줬어	널유혹하는거란족	노스트라단무지
노스페이스북	노틀담의꼬츄	농심너누구지
누구의노리개일까	뉴그랜다이져XG	뉴욕양키우기

산소를 기피하는 사람은?
넬슨이 9999명 있으면?
아홉 마리 매가 한 마리를 더 부르면?

(열매)
금메달(금매들)
숨쉬피해(O₂피해자)

아라이　아라이洗いと는 '씻을 세洗'로 '설거지'을 뜻해요. 아라이통洗い桶은 '설거지통'이죠. 아라이바洗い場는 '마당 장場'의 '바場'로 '개수대'네요.

마나이타　마나이타俎는 한자 '도마 조俎' 그대로 '도마' 란 뜻이죠. '널조각 판板'의 '이타板'를 써 서 마나이타まな板라고 쓰기도 하죠. 그 래서 도마 앞에서 일하는 '요리사'를 이타 마에板前라고 해요. 마에前는 '앞 전前'의 일본 발음이에요.

차단스　한자 '대광주리 단箪'과 '상자 사笥'를 합쳐 단 스箪笥라고 하면 '장롱, 장'이란 뜻이에요. 여기에 '차 차茶' 를 붙인 차단스茶箪笥는 '찬장식 찻장'이죠. 참고로 다나棚는 '시렁 붕棚'으로 '선반, 시렁'이에요.

오시레　한자 '누를 압押'의 '오시押'와 '들 입入'의 '이레 入'를 합친 오시이레押し入れ는 억지로 밀어 넣는 것, 즉 반 침半寢, 벽장을 뜻해요. '오시이레'가 '오시레'로 발음 생략이 되었네요.

간즈메　한자 '두레박 관缶'의 '간缶'과 '채울 힐詰'의 '즈 메詰'를 합친 간즈메缶詰는 '통조림'이죠. 간缶은 캔can을 뜻 하죠. 여기서 간缶에 '끊을 절切'의 '기리切'를 붙이면 '깡통 따개'가 되죠. 참고로 '병마개 따개, 마개뽑이'는 '마 개 전栓'과 '뺄 발拔'을 써서 센누끼栓抜 또는 구찌누 끼口拔라고 해요.

　아재 개그

콩 한 알을 영어로?
비빔밥이 항상 남는 이유는?
밥 하는 축구 선수는?

원빈)(one)
남음밥이니까)(믹싱)
골밥쇠)(슈팅)

48

신쭈 신쭈真鍮는 '참 진真'과 '놋쇠 유鍮'로 '놋쇠'를 뜻하죠. '유기鍮器'는 '놋그릇'을 말하죠. 신쭈방真鍮板은 '널조각 판板'을 쓴 것으로, '놋쇠판'을 뜻해요.

다와시 다와시束子는 '묶을 속束'과 '아들 자子'를 써서 '솔, 수세미'죠.

호야 한자 '불 화火'와 '집 옥屋'을 써서 호야火屋라고 하면 집을 밝히는 남포lamp등을 말하는데, 석유를 담아 심지에 불을 켜고 유리 등피를 끼워 바람을 막도록 만든 등을 가리키죠.

Pun & Joke — 반대의 반대는 정상

양념게장의 반대말은? 후라이드 게장	남동생의 반대말? 친동생
확인의 반대말? 대충 아웃	차이나타운의 반대말은? 똑같은빌리지
노트북의 반대말? 노트남	열개의 반대말은? 닫을폐(開/閉)
스타크래프트의 반대말은? 스타크라이트	남아용의 반대말? 모자라용
현대자동차의 반대말은? 고대자동차	이완용의 반대말은? 수축용
우사인볼트의 반대말은? 좌사인너트	지방 흡입의 반대말은? 수도권 배출
깨달음의 반대말은? 깨씀	검은 사막의 반대말은? 방패는 팔아 신중하게

가면을 벗으면 얼굴이 두 개인 것은?
콩에게 물을 달라고 하는 말은?
콩나물이 무를 신나게 때렸을 때 하는 말은?

아끼바리 아끼바리의 원래 발음은 아끼바레秋晴죠. '가을 추秋'의 '아끼秋'와 '갤 청晴'의 '하레晴'('바레'로 발음 변형)로 구성된 말로, 찰기가 있고 밥맛이 좋은 쌀의 한 품종이에요. 화투에서는 쌍피나 조커 등 귀한 물건을 가리킬 때 사용했죠. 우리나라에 들어와 있는 일본의 쌀 품종으로 고시히까리越光나 히토메보레一目惚れ 등이 있네요. '넘을 월越'의 '코시越', '빛 광光'의 '히까리光' 그리고 '한 일一'의 '히토一', '눈 목目'의 '메目', '황홀할 홀惚'의 '호레惚'('보레'로 발음 변형) 등으로 구성되었는데, 히토메보레一目惚れ는 한자에서도 알 수 있듯이 '한 눈에 반함'이라는 뜻이죠.

사보텐 사보텐サボテン은 '선인장'을 뜻하는데, 스페인어 sapoten 등 몇몇 어원설이 있어요.

단도리 단도리段取는 '구분 단段'의 '단段'과 '취할 취取'의 '도리取'로 '일을 진행시키는 순서, 방도, 절차'예요.

멕기 한자 '도금할 도鍍'와 '쇠 금金'을 합쳐 '멕기鍍金'로 읽고, '도금鍍金, 금 입히기'를 뜻하죠.

다다미 다타미畳는 한자 '겹쳐질 첩畳'을 쓰는데, 마루 따위에 까는 물건, 또는 그 수를 세는 단위를 뜻해요.

 아재 개그

가수 비가 덮는 이불은?
손님이 올 때마다 끌려 나오는 것은?
편하게 앉을 수 없는 방석은?

우산비
유산
신경방석

고타쓰 고타쓰火燵는 일본의 겨울용 난방 기구죠. 사진처럼 생겼어요. 상판 안쪽에 전열기구가 설치되어 있고, 이불 안으로 하반신을 넣어 따뜻하게 하죠. 고타쓰 옆에는 항상 세 개가 따라다닌다네요. 네꼬猫(고양이), 미깡蜜柑(밀감), 센베이煎餠(전병)!

가고 가고籠는 한자 '대바구니(그릇) 롱籠'이죠. '바구니'란 뜻인데, '꽃 화花'의 '하나花'를 붙여 하나가고花籠라고 하면 '꽃바구니'가 되네요.

자부동 한자 '베 포布'와 '둥글 단団'을 합친 후통布団은 '이불'을 뜻하고, 여기에 '자리 좌座'의 '자座'를 붙인 자부동座布団은 '방석'이죠. 자부동삼마이座布団三枚는 재미있는 말을 했을 때 '방석 세 장'을 주는 게임 룰이 인기가 있는 프로그램이었지요. 자부동나게座布団投げ는 스모 경기에서 응원하는 선수가 시합에서 졌을 때 화풀이로 방석 내던지는 행위를 말하는데, 요즈음은 자제하는 분위기라네요.

🕊 알까기 레알 사전 섬섬옥수수

'옥수수 조금만 줘'를 영어로? some some 옥수수	가장 센 옥수수는? 슈퍼콘
멍청한 옥수수는? 실리콘(silly)	덜 자란 옥수수는? 아이콘
옥수수로 만든 동전은? 콘센트(cent)	옥수수가 시험을 보면? 콘테스트
옥수수밭에서 푸가 길을 잃으면? 콘푸로스트(푸lost)	옥수수가 바람나면? 에어콘

게를 냉장고에 넣으면?
가장 맛있는 쌀은?
죽집 알바생이 위험한 이유?

(답: 게으름)
맛있는 쌀
죽을 쑤어서 맛이 갈까봐

구루마

소달구지나 마차 같은 탈것만 경험해 보다가 자동차를 처음 보았을 때의 충격이란 엄청나지 않았을까요? 그 임팩트만큼이나 강렬하게 남아서인지, 자동차의 일본어인 '구루마'는 아직까지도 잊히지 않고 문득문득 일상에 흔적을 남기곤 하죠. 자동차와 관련해 생활 속에 남아 있는 말들을 살펴보아요.

구루마 구루마車는 한자 '수레 차·거車'로 '손수레'나 '자동차'를 뜻하죠. 자전거는 지텐샤自転車라고 하죠. 한자 그대로 읽으면 '자전차'예요.

나라시 택시는 영어에서 온 말이기 때문에서 일본에서도 다쿠시タクシー라고 발음하죠. 원래는 택시정거장에서 손님을 기다렸다가 태우는데, 나가시流し 택시는 돌아다니면서 손님을 찾아 태운다네요. 나가시流し가 '나라시'로 잘못 사용되고 있는 셈이죠. 불법 자가용 택시는 번호판이 흰색이라 '흰 백白'의 '시로白'를 써서 시로타쿠白タク라고 하면

'불법 택시'를 가리키죠. 한자 '흐를 류流'를 쓰는 말로 나가레流れ도 있죠. '무산, 허사, 유산' 등을 뜻하는데, 우리는 '나가리'라고 잘못 쓰고 있죠.

재미나는 아이디

뉴키즈온더버락	눈치보기플레이어	니이모를찾아서
니코커드만	니콜내콜애니콜	다이아본드
달려야하니	달리나체력	닭살공주
닭큐멘터리	닮은살갗	대추나무사람걸렸네

아재 개그

자동차의 나라는?
타이어가 어이가 없으면?
차들의 의사소통 언어는?

카이거나
커헐
카이어

아이노리 한자 '서로 상相'의 '아이相'와 '탈 승乘'의 '노리乘'로, 서로(함께) 탄다는 뜻인 합승을 아이노리相乘り라고 하죠.

오이꼬시 앞차를 추월할 때 한자 '따를 추追'의 '오이追'와 '넘을 월越'의 '꼬시越'를 써서 '앞지르기'죠.

모도시 모도시戻し는 '어그러질 려戻'죠. '반려反戻'할 때 쓰는 한자인데, 되돌리기return를 뜻해요.

시다바리 우리가 '시다바리'라고 할 때는 지위나 역할이 낮은 사람을 말하죠. 일본어로는 시타바다라끼下働き나 시타테下手가 있어요. 각각 '허드렛일을 하는 사람', '보조공'을 뜻해요. 시타下는 '아래, 밑'이란 뜻이고, '바리'는 그냥 붙은 말로 추측되죠. 한편, 시타카바下カバー는 시타下에 커버cover가 붙은 말로 '기름받이'죠.

🚬 건배사 비행기, 남행열차

비전을 가지고 **행**동으로 옮기면 **기**적이 일어난다.(기적 버전)
비전도 없고 **행**동도 못하면 **기**저귀 찬다.(기저귀 버전)
남다른 **행**동과 **열**정 가진 **차**세대 리더
그런데, 정권 말기에는 이렇게 바뀝니다.
남보다 **행**동 조심하고 **열**심히 일해서 **차**기 정권에 환영받자.

태국의 물고기는?
엄마 호랑이가 타는 택시는?
궁예가 타고 다니는 차는?

태국어(タイ語)
모범택시(母凡)
애마(崖)

후끼 후끼吹き는 한자 '불 취吹'를 써서 '뿜질, 분무기'를 뜻해요. 같은 한자를 쓰는 후카시吹かし는 바람을 불어 넣는 것을 뜻하는데 가속 장치인 '엑셀러레이터'죠. '머리를 부풀려 풍성하게 만듦'이나 '허세를 부림'도 '후카시吹かし 넣는다'고 하죠. 여기에 한자 '빌 공空'의 '가라空'를 붙이면 가라후까시空吹かし가 되는데, 바로 '공회전'이에요.

만땅 만땅満タン은 '찰 만満'과 '탱크tank'가 합쳐진 말로 '가득 참, 한껏, 많이, 가득들이'를 뜻하죠. 반대로 엥꼬えんこ는 어린아이가 바닥에 털썩 주저앉거나 축 퍼져 있는 모습을 나타내는데, '고장이 나서 움직이지 못함'이나 '연료 부족'으로 사용하고 있죠.

사까 한자 '비탈 판坂'을 써서 언덕을 뜻하죠. 오사까大阪의 사까阪보다 낮은 언덕이에요. 카도角는 한자 '뿔 각角'을 써서 '길모퉁이나 구석'을 뜻해요.

오야미타 오야메타親meter는 '어버이 친親'의 '오야親'와 '미터meter'로서 '주계량기'를 말하죠.

가소린 가소린gasoline은 '휘발유'를 뜻하는데, '주유소'를 가소린 스탄도 gasolin stand라고 해요.

알까기 레알 사전 열대야

어정 7월, **동동 8월**이라고 하죠.
더위를 툭 쳐서 보내는 절기를 **처서**라고 해요.
찬물 열 대야를 끼얹어야 식혀지는 무더위를 '**열대야**'라고 합니다.
가장 시원하고 화끈한 이야기는 **얼음 공장에 불 난 얘기**라네요.

아재 개그

차를 톡 치면?
아홉 명이 한 배를 타면?
선박을 평가하는 사람은?

놀차

구함아배

(사 배)르슈비타배

데꾸보꾸　데꼬보꼬凸凹는 '볼록할 철凸'의 '데꼬凸'와 '오목할 요凹'의 '보꼬凹'로 '울퉁불퉁, 올록볼록'이란 뜻이죠. 일본은 철요凸凹인데, 우리는 반대로 요철凹凸이라고 하죠. '짱구'를 오데꼬짱お凸ちゃん이라고 해요.

운짱　운짱運ちゃん은 운전수運転手의 운運 짱ちゃん을 붙인 '운전기사'의 애칭이죠. '운이 좋은 사람'도 운짱運ちゃん이라고 해요. 아까짱赤ちゃん은 '아기'죠.

짱ちゃん은 명사 뒤에 붙어 친근감을 주는 호칭으로 '모양 양様'의 일본 발음 '상様'보다 다정한 호칭이죠.

Tip & Talk　우리말과 반대로 쓰이는 단어

약혼 → 혼약(婚約, 콘야쿠)
물품 → 품물(品物, 시나모노)
흑백 → 백흑(白黒, 시로쿠로)
가로세로 → 세로가로(縦横, 다테요코)
현모양처 → 양처현모(良妻賢母, 료사이켐보)
선조 → 조선(祖先, 소센)
남녀노소 → 노약남녀(老若男女, 로냐쿠난뇨)
산전수전 → 해전산전(海千山千, 우미센야마센)
환승 → 승환(乗換, 노리가에)
시종일관 → 종시일관(終始一貫, 슈시잇칸)
이곳저곳 → 저곳이곳(彼方此方, 아찌고찌)
왔다리갔다리 → 갔다리왔다리(行ったり来たり, 잇타리기타리)
cf. 손짓발짓 → 몸짓손짓(身ぶり手ぶり, 미부리테부리)

초코렛을 톡 건드리면?
세종대왕이 가나초코렛을 주며 하는 말은?
가나 초코렛이 단 이유는?

지비ちび는 '단신의 사람이나 꼬마'를 의미하는 일본의 속어죠.

찐삐라는 '야쿠자 꼬마 동생, 졸개'를 말하며, 엠뻬라emperor는 천황이나 황제를 뜻해요.

'미스 김'이 김 양(樣)? 일본인은 이름 뒤에 주로 '상(さん)'을 붙여요. 아랫사람이나 동료에게 이 말을 붙이죠. 자기보다 윗사람에게는 '모양 양(樣)'을 써서 'さま(樣)'를 붙이죠. '욘사마'가 적절한 예이겠네요. 반대로 낮춰 부를 때는 '군(君)'을 붙여요. 아주 높여 부를 때는 '대궐 전(殿)'의 '도노(殿)'를 쓰죠.

찜빠 찜바跛는 한자 '절뚝발이 파跛'를 쓰는 '절름발이, 짝짝이'라는 차별용어이기 때문에 가려서 써야겠죠. 자동차 쪽에서는 '엔진 공회전 이상' 또는 '부조현상'을 뜻해요.

고바이 한자 '굽을 구勾'와 '짝지을 배配'를 쓰는 '고바이勾配'는 '비탈, 오르막'이란 뜻이죠. 우리도 그런 뜻으로 쓰고 있지만, 일부 사람들은 한자 '높을 고高'를 사용한 '고高바위'인 줄 착각하는 경우도 있다네요.

하꼬비 하꼬비運び는 '운전할 운運'의 '하꼬비運'로 '나름이'를 말하죠.

Tip & Talk — 일본식으로 쓰이는 용어

미숑 → 트랜스 미션(변속기)	후렌다 → 팬더(fender)
세루모타 → 시동 전동기, 스타트 모터	구락숀 → 경적
밤바 → 범퍼(bumper)	쇼바 → 완충기, 쇼크 업져버(shock absorber)
보데 → 보디(body), 차체	보도낫도 → 볼트(bolt), 너트(nut)
빠데칠 → 퍼티(putty) 작업	마후라 → 머플러(Muffler)
아쎄이 → 어셈블리(assembly)	본네트 → 보닛(bonnet)
제네레다 → 발전기	메다방 → 미터 보드(Meter board), 계기판

아재 개그

자동차가 우는 나라는?
차 안에서 가장 시원한 자리는?
커플이 타면 큰일나는 기차는?

우앵
시원한다
부비부앵기차

하시라 하시라柱는 '기둥 주柱'로, 빼대인 '골조'를 뜻해요. 하시라柱에 '조개 패貝'의 '가이貝'를 붙인 가이바시라貝柱는 가리비나 키조개의 관자를 삶아서 말린 패주貝柱를 말하지요.

후미끼리 후미키리踏切는 '밟을 답踏'의 '후미踏'와 '끊을 절切'의 '키리切'로 '건널목'을 말하죠. '그림자 영影'의 '가게影'를 붙인 가게후미影踏는 자기 그림자가 밟히면 지는 놀이죠.

나마까스 나마까스生gas는 '날 생生'에 가스gas가 붙은 말로, '미연소 가스'를 뜻해요. 나마비루生ビール는 '생맥주'죠.

Pun & Joke 지하 엘리베이터를 본 선달

- **B1** 비원산책
- **B2** 비투비
- **B3** 비쌉니다 아주 비싸
- **B4** 비포 크리스트(Before Christ)
- **B5** 비오비타 먹고 자란 김비오(비오는 명동거리)
- **B6** 비육우
- **B7** 비칠리야는 정지용님의 '향수'에 나오는 가사
- **B8** 비팔고 똥 팔고
- **B9** 비구름 걷히고
- **B10** 비열처리 맥주

길을 몰라 묻는 차는?
3지구 옆 차량을?
누가 차를 치고 갔는지 조사해서 밝혀내는 것을?

아시가리(아기차기?)
상가차량(品)
찬차영위

겜뻬이

이제는 우리나라에서도 세계 당구 대회가 개최되고, 우리 선수가 우승하는 등 인기를 누리고 있죠. 그런데 당구장에서는 다이, 우라, 오시, 히키, 겜뻬이 등 우리말이 아니면서 너무나 자연스럽게 쓰이는 일본어가 있어요. 이런 말들을 통해서 일본어도 배워 보고, 바른 우리말도 익혀 봐요.

다마 공처럼 둥근 것, 즉 당구공을 뜻하는데, 당구에서는 '공 구, 구슬 구球'라는 한자를 써요. 우리에게 친숙한 쓰임으로는 '다마치기(구슬치기)', '전기다마(전구)' 등이 있어요. 쉽죠?

시로다마 시로다마白球는 '흰 백白'의 '시로白'와 '공 구球'의 '다마球'로 '흰 공'을 뜻해요. '붉을 적赤'의 '아까赤'가 붙으면 아까다마赤球로, '빨간 공'이죠. '먼저 선先'의 '사끼先'를 붙이면 사키다마先球로, '앞의 공'을 말하죠. 또 '부칠 기寄'의 '요세寄せ'를 붙이면 요세다마寄せ球로, '공 모아치기'죠. 다마사와리球触り는 한자 '닿을 촉触'이 쓰여 '공을 건드리는 것'을 말하죠. 참고로, 사와리触り는 닿음, 닿는 느낌, 촉감, 사람을 대했을 때의 느낌이란 뜻이 있어요.

다이 당구 테이블을 뜻하는 이 말은 '대 대台'라는 한자를 써요. '무언가를 얹어 두는 대'를 뜻하죠.

야스리 야스리鑢는 '줄 려鑢'로, 공을 치는 부위인 당구 큐의 제일 윗부분 탑top을 다듬는 공구 '줄'을 뜻해요.

🪭 아재 개그

오리를 놓고 가야 하는 곳은?
오리가 옳다고 하면?
팩트만 말하는 오리를?

덕장이요.
덕수궁(Duck)
팩트리(fact only=팩트리)

겜뻬이 '편가르기'를 뜻하는 이 말은 '근원 원源'과 '평평할 평平'을 써서 '겜뻬이源平'라고 해요. 이 두 한자는 일본 역사에서 아주 유명한 두 가문, 즉 원씨源氏인 겐지源氏와 평씨平氏인 헤이지平氏의 대립과 관련이 있죠. 이 두 가문의 앞자를 따면 겐헤이源平인데, 연철현상을 일으켜 '겐페이'가 되고, 우리나라에서 '겜뻬이'로 소리가 바뀌었어요. 한편, 원씨源氏는 흰 깃발을, 평씨平氏는 붉은 깃발을 사용했고, 당구도 '흰 공'과 '붉은 공'이 있는 걸 보면 일본인의 작명 솜씨에 고개가 끄덕여지네요. 붉은색과 흰색은 '홍백전'이라고 불리는데, 우리가 '청백전'이라고 하는 것과 비교되죠.

오시 흔히 '밀어치기'로 알려진 이 당구 기술은 '누르다, 밀다'라는 뜻을 가진 한자 '누를 압押'을 써요.

히끼 앞의 '오시'와 반대인 '끌어치기' 또는 '당겨치기'로 알려진 이 기술은 한자 '끌 인引'을 써요. 일본어 원래 발음은 '히키'이나 우리말에 동화되면서 '히끼, 시끼, 식끼' 식으로 발음이 바뀌었어요. 한편, 일본의 가게 출입문을 보면 우리말의 '미세요, 당기세요' 대신에 押, 引의 글자가 적혀 있죠.

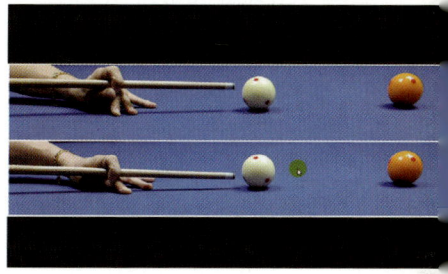

건배사 매취순-당취평, 소취하-당취평

매실주에 취하면 순간이 즐겁고, 당신에 취하면 평생이 행복하다.
소주에 취하면 하루가 즐겁고, 당구에 취하면 평생이 행복하다.

오리가 한 말은?
맥도날드가 매출 1위를 한 건 누구의 덕?
가장 믿을 만한 오리는?

답오리(Duck꽥)
오륙두기(duck=오륙)
미더덕(오리)

요코히키 한자 '가로 횡橫'의 '요코橫'와 '끌 인引'의 '히끼引き'를 합친 요코비키橫引き는 '옆으로 끌어치기'가 되겠죠. '히키'가 '비키'로 발음 변형되었어요. 요코하마橫浜와 요코즈나橫綱의 요코橫도 같은 한자죠. 요코토리橫取リ는 '취할 취取'의 '도리取'를 붙인 '가로채기, 새치기'를 말하죠.

히네루 한자 '비틀 염捻'을 쓰는 일본어 '히네루捻る'에서 비롯되었어요. 뜻은 '비틀다, 회전시키다'로 '회전'이죠. 한편, '히네루'는 '시네루'라고도 발음하는데, 이는 틀린 발음이에요. 앞에서 '히키(끌어치기)'가 '시끼'로 잘못 발음된 예와 같죠. '형님'이 '성님'으로 바뀌는 구개음화 현상으로 이해하면 돼요. 같은 맥락에서 차갑게 한 것을 뜻하는 '시야시'도 일본어 원래 발음은 히야시冷やし죠.

갸꾸 갸쿠逆는 한자 '거스를 역逆'을 써서 '역회전' 또는 '반대로 치기'를 말하는데, '역전'을 갸꾸텐逆転이라고 하죠.

나메 나메嘗는 한자 '맛볼 상嘗=舐'을 써서, '핥기, 스치기'란 뜻이에요. 얇게 치기, 살짝 스쳐서 맞추는 기술을 가리키는데, 흔히들 '나미'라고 잘못 발음하죠.

Tip & Talk — 전하, 들켰사옵니다.

어느 날 세종대왕께서 암행사찰을 나섰다. 이때 관우, 유비, 장비가 임금을 호위했다.
그런데 어느 주막에 들렀다가 벽에 붙은 글귀를 보았다.
"손님은 왕이다!"
그 글귀를 본 장비가 임금에게 이렇게 말했다.
"전하, 들켰사옵니다."

 아재 개그

학생들이 좋아하는 무늬는?   대각선이 므늬
팔을 두 동강이 내면?   암컷(arm cut)
가장 팔 힘이 센 사람은?   홍두스웡(strong)

맛세이　맛세이는 '큐를 수직으로 세워 치기'인 마세masse에서 온 말이에요.

마와시　'돌리기'를 뜻하는 이 말은 한자 '돌 회廻'를 사용한 '마와시廻し'에서 왔어요. 오마와사(크게 돌리기), 하코마와사(상자 돌리기, 제각 돌리기), 우라마와시(뒤돌리기), 네지마와시(대회전) 등에 쓰이죠. 당구인 중에는 마우시, 마오시, 마시 등으로 변형된 발음을 사용하는 사람도 있어요.

오마와시　한자 '큰 대大'와 '돌 회廻'를 써서 오마와시大廻라고 발음해요. 즉 '큰 대大'를 '오'라고 발음하는 셈이죠. 뜻은 '크게 돌리기, 즉 대회전'예요. 참고로 '큰 대大'를 '오'라고 발음하는 것은 일본의 유명한 도시 오사카大阪에서도 볼 수 있죠. 한자 '阪'은 '비탈 판'이에요.

하코마와시　한자 '상자 상箱'을 하꼬箱라고 해요. 따라서 하코마와시箱廻는 상자 돌리기, 제각돌리기죠. 하꼬箱는 하꼬방箱房(나무판을 이어붙인 상자 같은 허름한 집) 또는 일본의 유명 관광지 하꼬네箱根 등에서 볼 수 있어요.

Pun & Joke — 세계로 미래로

불교도가 많은 나라는? 불가(佛家)리아
가장 추운 나라? 시리아
정부를 반대하는 나라는? 不可리아
쌍둥이가 많은 나라? 이란(二卵)
집을 두 개 주는 나라는? 이집트
술을 말라고 물어보는 나라는? 말레이시아

술을 좋아하는 나라는? 호주
아는 척하는 나라는? 아랍
울거나 화를 잘 내는 나라는? 앙골라
초인종이 귀한 나라? 벨기에
이집트 사람들이 일하러 갈 때? 나일강
데모를 가장 많이 하는 나라는? 우간다

생선 대가리 달라고 할 때?
오삼불고기를 영어로?
가는 말이 고우면 오는 말은?

아는숭강(頭頂)
꿍꿍올피기(come on=오나)
꿈(go/come)

네지마와시 한자 '소라 라螺'와 '아들 자子'를 써서 네지螺子라고 읽고, '나사, 태엽'을 뜻해요. 마와시廻와 합쳐진 네지마와시螺子廻し는 나사처럼 돌린다고 해서 '두 번 돌리기, 대회전'을 뜻하죠. 우리가 흔히 다방 종업원을 일러 '네지'라고 하는데, 이 때는 '네지', 즉 레지스터register를 잘못 발음한 것으로 당구에서 쓰는 말과는 다른 어원이에요.

니쥬마와시 한자 '두 이二'와 '무거울 중重'을 써서 니쥬二重라고 읽고, 마와시廻와 합쳐진 니쥬마와시二重廻し는 '이중 돌리기', 즉 '두 번 돌리기'를 뜻해요. 정확하게는 4쿠션 이상으로 제2 적구를 맞췄을 때 사용하죠. 二重을 일본어에서는 후타에二重라고도 발음하는데, 이는 건축에서 '깔판'을 말할 때 사용해요.

우라마와시 한자 '속 리裏'는 우라裏라고 읽고 '(양복의) 안감' 또는 '뒤'라는 뜻을 갖죠. 마와시廻와 합쳐진 우라마와시裏廻し는 '뒤돌리기'예요.

힛가케 힛가케引っ掛け는 한자 '끌 인引'의 '히키引き'와 '걸 괘掛'의 '가케掛け'를 써서 '걸쳐 치기'가 되겠죠. 발이 굵은 '가락국수'인 가케우동掛うどん도 이 가케掛け를 써요.

Tip & Talk — 우리말이야? 일본말이야?

우리말 '뒷담화'를 일본말처럼 생긴 '뒷다마'로 착각하듯이 '국가 또는 공공 단체의 재산을 개인에게 팔아 넘기는 일'인 '불하(払下)받다'를 '부라받다'로 일본어인 줄 알지요. 원어는 '하라이사게(払い下げ)'로 '떨칠 불(払)'의 '하라이(払)'와 '아래 하(下)'의 '사게(下げ)'지요.
시라소니도 일본어처럼 들리지만 고양이과 동물인 '스라소니'의 북한어죠. 사주타로가 일본어가 아닌 타롯카드(tarot card)이듯이.
또한, 오모리는 '큰 항아리'란 뜻이며, '오모가리'는 '뚝배기'란 뜻의 방언이에요.
마끼아또(macchiato)는 이탈리아어이고, 마카다미아는 호주산 열매 이름이네요.
"너희들 올해 진급은 전원 보류야"를 부산에서는 "마카담이야"라고 한다지요.

아재 개그

칼이 맛있으면?
개미를 친 남자를?
서로를 '리'라고 부르는 형제를 가리키는 이름은?

칼국수(칼이 국수).
개미(개미)맨.
형리동생리.

가에시 한자 '돌아올 귀歸'를 써서 가에시歸 시죠. '돌아온다'는 뜻인데, 한 번 친 공이 다시 돌 아오는 것을 뜻해요. '가야시'라고 쓰기도 하죠.

다테가에시 다테가에시縱て返し는 '세로 종 縱'의 다테縱와 '돌이킬 반返'의 가에시返로, '세로 로 쳐서 공 모으기'를 말하는데, '다테'로 사용해 왔 죠. 다테縱는 '가로'인 요코橫와 반대로 '세로'죠.

기리가에시 기리카에시切り返し는 '끊을 절切'의 기리切り와 가에시返를 합친 말로, '비껴치기'를 뜻하는데, 흔히들 '기레까시'라고 하기도 하죠.

기리오시 한자 '끊을 절切'의 '기리切り'는 '자르기'라는 뜻이고, '누를 압押'의 '오시押し'는 '밀기'인데 '짧게 밀어치기'가 기리오시切り押し인데, '기대오시'라고 하 는 사람도 있죠.

나시 나시無는 '없을 무無'로 '무회전'을 뜻해요.

가라쿠 가라쿠空ク는 '가라空 + 쿠ク'로, '쿠'는 '쿠션クッション'을 생략한 말 이죠. 그래서 공을 먼저 맞히는 것이 아니라 다이臺를 먼저 맞히고 공을 맞히는 것 인 '빈쿠션 치기'이에요.

재미나는 아이디

둥근해가떡섭니다	라이언일병더하기	레오나르도빚갚으리오
로봇왕이잉치킹	루돌프가슴커	마담과함께사라지다
마이클지단	마지막잎세	마카담이야
딴지의제왕	말없이고이보내버려	말죽거리잠옷사

해리포터가 쓰는 전기 단위는?
치킨집은 지금 몇 시?
치킨 주문을 늦게 한 시간은?

모도시 모도시戻しと는 반려反戻할 때 '어그러질 려戻'로, '되돌리기'라는 뜻인데, 운전할 때도 많이 쓰이죠.

데아이 한자 '날 출出'의 '데出'와 '합할 합合'의 '아이合'가 합쳐지면 '만남'이란 뜻이 되죠. 정식 당구 용어로는 '키스'라고 하죠.

Tip & Talk — 세종대왕의 미 대륙 작명

미 대륙을 발견한 콜럼버스가 태어나기 직전을 살았던 세종대왕은 역시나 선견지명이 있었다. 콜럼버스가 미 대륙을 발견하고 그 땅의 이름을 짓지 못할 것을 예견한 세종대왕께서는 친히 그 이름들을 지어 놓으셨다.
콜럼버스: 이 대륙의 이름을 뭐라고 지을까요?
세종대왕: 아무렇게나 하라!
콜럼버스: 아, 네. 아메리카요?
한국어가 서툰 콜럼버스가 들리는 대로 이름을 지으며 감탄한다.
콜럼버스: 그럼, 아메리카 위 호수가 많고 땅이 넓으며 비옥한 곳을 뭐라고 지을까요?
세종대왕: 훈민정음의 첫 자들을 따서 '가나다'라고 짓거라.
콜럼버스: 넵! '카나다'로군요.
콜럼버스: 또 그 위쪽 눈 덮인 넓은 땅은 뭐라고 했으면 좋겠습니까?
세종대왕: 알아서 가라.
콜럼버스: 알라스카!
그 다음에는 미 대륙 아래쪽을 가리키니 세종대왕은 쳐다보지도 않으시고 이렇게 말씀하셨다.
세종대왕: 몇 식구나 먹여 살리려고?
콜럼버스: 멕시코!
그런 소문을 들은 일본인이 세종대왕을 찾아와서 골프 브랜드를 하나 만들려고 일본도를 선물로 가지고 왔답니다. 그랬더니 세종대왕께서 "일단 위험하니 갖다 놔!"라고 했어요.
일본인 : 네. 가타나?

바닷속의 쇠가 녹이 스는 이유는?
파도 파도 끝이 없는 것은?
일곱 개의 머리가 달린 새는?

슬러시(바다의 쇠라서)
파도(파도)
칠면조(七面鳥)

밧킹　'벌줄 벌罰'과 '쇠 금金'인 '벌금罰金'의 발음이 '밧킹罰金'이죠. 따라서 당구에서는 벌금에 준하는 벌칙을 뜻해요.

기레이　기레이奇麗는 '기이할 기奇'와 '고울 려麗'로, 좋음, 고움, 예쁨, 멋짐, 깨끗함, 청결함 등을 말하죠.

후다　후다札는 '패 찰札'로, 식스볼이나 포켓볼에 사용하는 '화투 패'를 말하죠. 원래 '화투'는 '꽃 화花'의 '하나花'를 써서 하나후다花札라고 해요.

방까이　방까이挽回는 만회挽回라는 한자어의 뜻과 같아요. '망까이'라고 하는 사람도 있죠.

후루쿠　'후루쿠'는 요행수인 fluke에서 온 말로 '운 좋게 맞는 것'이죠.

사가리　사가리下リ는 한자 '아래 하下'가 쓰여 '점수가 내려온다'는 뜻이에요.

다이다이　다이다이対々는 '대할 대対' 두 개를 써서 '대등한 상황'을 뜻해요. 경기에서 단식, 즉 '일 대 일 겨루기'를 뜻하기도 하지요.

알까기 레알 사전   무광신청

빈 술잔을 채워 달라고 주변 동료에 알리는 것을 **무광신청**이라고 하죠.
무광신청 방법에는 전화를 하거나 카톡을 하거나 찌르는 방법이 있는데,
요즈음은 스토리로 한다네요.
제주도 아래는 가파도와 마라도가 있는데, 더 밑에는 따라도가 있답니다. **따라도**.
울릉도 옆에는 독도가 있고 그 옆에는 따라도가 있답니다. **따라도**.

참새가 먹는 간식은?
새가 가장 불쌍할 때는?
종달새 수컷이 암컷을 부르는 소리는?

고도리

마흔여덟 장의 그림으로 펼쳐지는 재미의 향연! 중장년층은 물론 젊은층에게도 익숙한 화투예요. 재미도 재미이지만, 나이 드신 분들에게는 치매 예방에도 도움이 된다죠. 화투를 치면서 관련 용어로 일본어를 익혀 봐요. 단, 과도한 돈 따먹기에 이용당하는 건 사절이에요.

하나후다 꽃 화花, 싸울 투鬪를 써서 '꽃 그림으로 싸운다'는 뜻의 '화투'라고 부르는 우리와 달리, 일본에서는 '꽃 화花'를 '하나花'로, '패 찰札'을 '후다札'로 읽어 하나후다花札라고 하죠. 직역하면 '그림 패, 그림 딱지' 정도가 되겠네요.

왜 하필 '똥'이래? 매화, 난초 등 다른 패는 이름이 좋은데, 왜 11월 패만 '똥'이라고 할까요? 원래 똥광 속에 있는 새는 '봉황'이죠. 그리고 봉황이 앉는 유일한 나무가 바로 '오동나무'예요. 따라서 원래는 '오동나무 동(桐)'으로 '동'이지만 격음화 현상으로 '똥'으로 세게 발음된 탓이죠.

고도리 고도리五鳥는 '다섯 오五'의 '고五'와 '새 조鳥'의 '도리鳥'로, 다섯 마리의 새를 뜻하죠. 매조에 한 마리, 흑싸리에 한 마리, 그리고 팔공에 세 마리가 있어서 합이 다섯 마리죠.

 아재 개그

바쁜 사람의 술은?
바쁜 사람의 술 안주는?
전문가들이 육회를 좋아하는 이유?

웅답사회
비지(busy)
날것이니까

기리　기리切는 한자 '끊을 절切'을 써서 '패 떼기'를 뜻하죠. 여기에 '패 찰札'의 후다札를 붙인 기리후다切札는 화투 패를 자르는 것이지만 '최후 수단으로 내 놓는 비장의 카드'를 뜻하죠. 기리切에 연결되는 말을 살펴볼까요.

구기리区切리는 단락段落을 말합니다.

깡기리缶切는 캔can을 뜻하는 '두레박 관缶'의 '깡缶'으로 '깡통따개'인데, 흔히 오프너opener라고 쓰죠.

깐즈메缶詰는 '채울 힐詰'의 '즈메詰'로 '통조림'을 말하죠.

기렛빠시切端는 '끝 단端'의 '하시端'로 '헝겊 천 조각이나 자투리'인데, '패를 떼고 남은 화투 패'를 말하죠. '하시'가 '빠시'로 발음 변형이 되었어요.

기리가에切替는 '바꿀 체替'의 '가에替'로 '전환'이나 '패갈기'를 뜻하죠. 참고로 '전철 갈아타기'는 '탈 승乘'의 '노리乘リ'를 써서 노리까에乘替라고 해요.

누구의 얘기일까?

아이큐는 아인슈타인을 지향하고
아이보리색을 좋아하고
아이시스와 보이차를 마시고
아이씨 회로를 만지며
아이오유를 즐겨 부르며
아이디어맨으로 아이알 성공했지요
아이파크만 골라 살면서
아이비리그 뺨치는 능력에
아이코스로 담배를 피우며
아이스크림을 즐겨 먹으며
아이리스를 즐겨 보면서
아이언으로도 아이피에 보내고
아이티 전문가로 보이스피싱 색출하고
아이파크몰만 이용하며
아이타스에 아이가 근무하는 아이돌 스타인 아이러니칼한 이 아재는 누구?

부산대를 방문한 스님 열 분이 쉴 때는?
나는 술집에만 가면?
어른들이 술자리에서 내밀어야 하는 배는?

삥/가보 카드나 주사위 눈의 숫자인 포르투갈어 '삥'은 '1'을 상징하고, '가부'는 '9'를 상징해요. 그런데, '가보'라고 썼죠. '4.1'을 '싯삥', '9.1'을 '구삥'이라고 해요.

삥까라기리마데ピンからキリまでは 삥(1)과 기리キリ죠. 기리キリ는 포르투갈어 크루스cruz로, '십자가나 열 십十자'를 상징해서 '처음부터 끝까지, 최상부터 최하까지'의 뜻이에요.

하나까라はなから는 '하나부터'라는 말인데, 일본인이 한국에서 온 말인 줄도 모르고 일반화되어 사용하고 있어요. 여기의 '하나'는 '코 비鼻'의 '하나鼻'도 아니요. '꽃 화花'의 '하나花'도 아닌 우리말 '하나'란 뜻이죠.

아도 '뒤 후後'의 '아토後'가 정확한 발음이에요. '남는 뒷 부분'을 얘기하는데, 선이 10만 원을 가지고 있을 때, A가 5만 원 가고, B가 3만 원을 갔을 때 남는 뒷부분 2만 원이 '아도'가 아니라, '아토後 2만 원'이 되겠죠.

아토마와시는 '돌 회廻'의 마와시廻し로 '미룸'을 말해요.

 **건배사** 고도리, 모내기, 상한가, 코로나

고통 참으며 **도**전 즐기는 **리**더
모처럼 **내** 친구 만나 **기**분 좋아
상심 말고 **한**탄 말고 **가**슴 펴자
코믹하게 **로**멘틱하게 **나**들이 가듯 이겨내자

🪭 **아재 개그**

우수한 경찰을?   표롤폴리스(propolis=police)
전문가의 느낌은?   표필(feel)
전문가가 실수를 하면?   표미스(promise=pro miss)

아오단　아오단青段은 '푸를 청青'의 '아오青'와 '조각 단段'으로 청단青段이죠. 아까단赤段은 '붉을 적赤'의 '아까赤'로 적단赤段인데, 우리나라는 홍단紅段이라고 하죠. 아까赤에 '글자 자字'의 '지字'를 붙이면 아까지赤字로, 적자赤字죠. 아까징끼赤丁幾는 '빨간 약'인 옥도정기沃度丁幾인데, 요드팅크Jodtinktur를 뜻해요. 아까쨩赤ちゃん은 '아기'죠.

쿠사　쿠사草는 한자 '풀 초草'를 쓰는데, 초단草段을 의미하기도 하죠. 아사쿠사浅草는 '얕을 천浅'의 '아사浅', 절 이름은 센소지浅草寺라고 읽어요. 가미나리몽雷門은 센소지의 마스코트로, '우뢰 뢰雷'의 '가미나리雷'와 '문 문門'의 '몽門'으로 되어 있죠. '절'은 '절 사寺'의 '데라寺'라고 해요. 우리가 '딜러 팁'을 '데라 뜯는다'고 하는데, 여기서 나온 걸까요? 일본에서 무서워하는 것은 '지진'인 지신地震, '천둥'인 가미나리雷, 화재인 '가지火事', '아버지'인 오야지親父 순이래요.

뎃뽀　뎃뽀鉄砲는 한자 '쇠 철鉄'과 '대포 포砲'로 '총'을 뜻해요. 무뎃뽀無鉄砲는 총 없이 전쟁터에 나가는 무모無謀함, 막무가내를 말하죠. 그런데 '쇠 철鉄'을 '큰 대大'로 착각해 무대포無大砲로 잘못 알고 있는 사람도 있죠.

고리　원래는 한자 '합할 합合'의 '고合'와 '힘 력力'의 '리키力'를 합친 '고오리끼合力'로, '금품을 받는 것' 또는 '개평을 뜯는 것'을 뜻해요. 여기서 '고리'가 나왔죠.

'나홀로 집에'를 한자로 하면?
혼자 지배하면?
가장 깨끗한 독제는?

독재(獨在)
독재(獨裁)
우유독재

약 한자 '부릴 역役'의 '야쿠役'는 '임무, 관직' 또는 '세금, 부역'을 뜻해요. 흔히 '풍약, 비약'을 '풍시마, 비시마'라고 하는데, 이 때 '시마'는 한자 '섬 도島'를 써서 '같은 패끼리 모으는 것'을 말하죠.

가리 가리借는 '빌릴 차借'로 못 갚은 돈, 내지 않고 미루어 두는 돈, 즉 '빚'이죠. 마에가리前借는 '앞 전前'의 '마에前'를 써서 '가불, 미리 받기, 당겨 받기'죠. 군대에서 휴가 나올 때 일병이 상병 마크를 달고 오는 것도 '마이가리'라고 했죠. 한편, 데마에出前는 '날 출出'의 '데出'를 붙인 것으로 '주문한 요리를 배달하는 일, 또는 그 사람이나 요리'를 뜻하죠. 이치닌마에一人前는 '일인분, 한 사람 몫, 제구실을 할 수 있게 됨'을 뜻해요.

Pun & Joke 나무아미따불

스님을 때리는 사람은? 중매쟁이
스님이 열 받을 때 먹는 음식은? 중화요리
스님이 6까지 세면? 식스센스
목탁과 염주는? 중장비
스님이 귀가 아프면? 중이염
수도하는 스님은? 노력중
부처님이 승천하시면? 불타오르네

불교도의 교통 위반이 아닌 것은? 불법유턴
부처님이 일어서면? 선불
스님이 세운 나라는? 중국
지구 곳곳에 불교가 많은 이유는? 중력 때문
뭔가 찾고 있는 스님은? 탐색중
스님의 삶은? 불가사리
스님이 웃통 벗고 있는 절은? 반나절

 아재 개그

사형시키려는 개는?
탕을 보면?
보신탕 집에 가는 길은?

놈때가리

보신탕

가리탕이야(Jeoget)

쓰리 스리掏摸는 한자 '가릴 도掏'와 '찾을 모摸'를 쓰고 특수 발음으로 읽어 '소매치기', '빼앗기'를 뜻해요.

도리 도리取는 '취할 취取'로, '싹쓸이' 또는 '빼앗는 것'을 뜻하는데, '새 조鳥'의 '도리鳥'와는 다른 한자죠.

나가리 한자 '흐를 류流'를 쓰는 나가레流라는 말은 '유산'이나 '허사, 깨짐'을 뜻하는데, '나가리'로 많이 썼죠.

나가시流는 '자가용 택시'를 뜻하는데, '나라시'라고 했죠. 택시タクシー는 택시 정거장에서 손님을 기다리지만, '흐를 류流'를 쓰는 이유는 돌아다니면서 손님을 태우기 때문이죠.

용꼬 '넉 사四'의 '용四', '빛 광光'의 '꼬光'로 '용꼬四光'는 사광四光이라는 뜻이죠. 오광五光 중 비광을 뺀 나머지 네 개 진광이에요. '용꼬四光로 보낸다'는 말이 여기에서 나온 말이죠.

재미나는 아이디

매운오리새끼	매워도다시한번	머리둥절
머리부터발끝까지사람스러워	머리카락보여줘	멍에의전당
메뚜기3분카레	메리야쓰호텔	매콤달콤세콤
명란젓코난	명랑운동화	명량운동회

눈이 좋은 사슴은?
눈이 없는 사슴은?
사슴을 손으로 만지면?

(눈에이따이)(eye)
두사슴이아니아(no eye deer)
손사슴(다이사슴)

71

쇼당 쇼당商談은 '장사 상商'과 '말씀 담談'인데, '상업적인 대화나 교섭'을 뜻하고, '서로 상相'을 쓰는 '소당相談'은 '의논'이나 '카운슬링'을 뜻해요.

이노시카 이노시카쵸猪鹿蝶는 '육칠장'
을 뜻하죠. '돼지 저猪'는 이노시시猪라고 하고,
이를 '이노'로 줄인 것이죠. '저돌적猪突的'이라
고 할 때 '멧돼지 저猪'가 들어가요. 시카鹿는 '사
슴 록鹿'인데, '녹용鹿茸' 할 때 쓰죠.

바카馬鹿는 '말 마馬'의 '바馬'가 쓰여 '바보'라는 뜻인데, 우리는 '빠가'라고 하죠. 이 말은 사슴을 가리켜 말이라고 한다는 사자성어 지록위마指鹿爲馬와 통하는 맛이 있죠. 바카야로馬鹿野郎라고도 하는데, 야로野郎는 '녀석'이라는 뜻으로 '얼간이, 멍청이'를 뜻하죠. '쵸蝶'는 '나비 접蝶'으로, 수영에서 버터플라이butterfly를 접영蝶泳이라고 하죠.

Tip & Talk 한국과 일본의 띠

'띠'를 나타내는 '12支'에서 한국과 일본 사이에 다른 동물이 하나 있네요.
그것은 바로 위에서 나온 '멧돼지 저(猪)'예요.
우리는 '돼지 해(亥)'를 쓰는데, 일본은 '멧돼지 저(猪)'를 쓰는군요.
또 하나 재미있는 것은 우리는 '토끼 묘(卯)'를 쓰는데, 베트남은 '고양이 묘(猫)'를 쓴다네요.
한편, 우리는 '고양이한테 생선'이라고 하는데, 일본은 '생선' 대신에 '가다랑어포'를 써서 '네꼬니 가쓰오부시(猫に鰹節)'라고 해요. 이때 '고양이 묘(猫)'의 일본어는 '네꼬(猫)'죠.

 아재 개그

밥이 뚱뚱하면?
뚱뚱이를 두들겨 패면?
돼지고기가 금값인 이유?

후 국 네꼬니(猫=고양이)가 사라져서(가=가)
떡살
살떡밥

오야 　오야親는 '친할 친親(=어버이)'를 써서 '우두머리, 두목, 계주'를 뜻하고, 화투에서는 '화투패를 잡는 선先'을 가리키죠. '패거리의 우두머리'를 오야붕親分이라고 하고, '졸개'를 '아들 자子'를 써서 꼬붕子分이라고 하죠.

또이또이 　'또이또이'는 '똔똔'과 같은 '엇비슷함', '팽팽함'을 뜻해요.

Tip & Talk 　한국과 일본의 발음이 같은 단어

우리나라와 일본은 같은 한자 문화권으로 똑같이 쓰는 한자 단어가 많아요. 하지만 발음은 미묘하게 달라서 주의가 필요한데요, 발음이 똑같은 한자 단어를 알아 두면 편하겠죠.

가방(かばん)	고무(ゴム)	다라이(盥)	다비(茶毘=화장)
가구(家具)	가료(加療)	가요(歌謠)	가치(價値)
간단(簡單)	간부(幹部)	간파(看破)	고가(高價, 古家)
고온(高溫)	교리(敎理)	교안(敎案)	군가(軍歌)
군기(軍旗)	군민(君民, 軍民)	기구(器具)	기린(騏驎)
기온(氣溫)	기존(旣存)	난민(難民)	단신(單身)
료리(料理)	묘기(妙技)	무단(無斷)	무시(無視)
무의미(無意味)	미만(未滿)	분류(分流)	분신(分身)
사기(詐欺)	시민(市民)	시야(視野)	안마(按摩)
요인(要因)	유도(誘導)	인도(引導)	잔존(殘存)
치료(治療)	치유(治癒)	탄산(炭酸)	토론(討論)

골프장에서 가장 나쁜 여자는?
'에이지 슈터(age shooter)'를 다른 말로 하면?
머리가 아픈 오리는?

상아볶음사(쏘아버림)
노인어(老人語)
프라스틱(플 오퍼 duck)

사쿠라 사꾸라桜는 한자 '앵두나무 앵桜'을 써서 '벚꽃'을 뜻하죠. '사쿠라 열매'는 '버찌, 체리cherry'예요. 사쿠라桜는 국가의 꽃인 '국화国花'로 대접받고 있고, 국화菊花는 일본 황실을 상징하는 꽃이에요.

와세다 早稲田대학의 합격 전보는 '필 소咲'의 '사쿠咲く'와 '흩을 산散'의 '치루散る'로 구분짓는다네요. '사쿠라桜 사쿠咲く'는 '사쿠라 꽃이 핀다'는 뜻으로 '합격'을, '사쿠라桜 치루散る'는 '사쿠라 꽃이 진다'는 뜻으로 '불합격'을 뜻해요.

사쿠라모치桜餅는 한자 '떡 병餅'의 '모치餅'를 붙인 것으로, 벚꽃나무 잎으로 싸서 만든 떡을 뜻해요. 수행원이나 비서 등의 뜻을 가진 가방모치かばん持ち에 있는 모찌持는 한자 '떡 병餅'이 아니라 '가질 지持'임에 주의해야죠.

사쿠라야桜屋라고 '집 옥屋'의 '야屋'가 붙은 말이 있는데, 이는 도쿄에 있는 전자 제품 파는 집으로 유명하죠. 선술집인 이자카야居酒屋 중에서 사쿠라야桜屋라는 이름을 붙인 체인점이 생겼다네요.

알까기 레알 사전 통일신라면

스프가 싱거우면 스프라이트라고 하는데, 스프에 빛이 나도 **스프라이트**죠.
라면을 영어로 '**이프**(If~라면)'라고 하지요.
라면끼리의 만남인 if와 if의 만남은 **조건만남**이 되겠지요.
라면이 꾸불거리지 않으면 '**무(無)파마**'라고 한답니다.
라면에 레몬을 짜면 신라면이 되는데, 신라면 세 젓가락을 **신라면세점**이라고 하지요.
신라면 다음에 나올 라면은 **통일신라면**이 되겠지요.
그래도 라면 중 가장 맛있고 멋있는 라면은 '**그대와 함께라면**'이지요.

아재 개그

기침을 많이 하면?
위염에 걸리면 안 되는 이유는?
이빨이 식으면?

오래된기침(오래된)
위험하기때문
시린이(시린이)

'바람잡이' 사쿠라의 기원 '바람잡이'나 '동원된 박수꾼', '야바위꾼'을 '사쿠라(さくら)'라고 하죠. 그때는 한자가 없어요. 정치계에서는 은밀히 내통하는 변절자를 가리키기도 하는데요, 어떤 유래에서 생겨났는지 알아보죠. '사쿠라(さくら)'에 '고기 육(肉)'의 '니쿠(肉)'을 붙인 '사쿠라니쿠(桜肉)'는 '말고기'를 뜻해요. 그런데 이 말고기를 값이 비싼 소고기로 속여서 파는 일이 있었다네요. 양 머리를 걸어놓고 개고기를 파는 '양두구육(羊頭狗肉)'과 비슷한 상황이죠. 그 일본 버전이 바로 '사쿠라니쿠(桜肉)'인 셈이죠. 가짜 손님이 진짜 손님인 척하고 흥정을 부추기는 '바람잡이'를 '사쿠라'라고 하죠. 바로 여기서 유래되었다는 설이 있어요.

Pun & Joke 테니스 선수 성명학

노바크 조코비치: 노 바크(no back) 모든 샷이 조코 빛이 나네
라파엘 나달: 낱알 낱알 최선을 다하네
로저 페더러: '상대를 루저로 만들며 마구 패더라'는 골프에서도 잘 통하는 모양이네요. **페**어웨이 **드**라이브 **러**프 탈출.
피터 샘플라스: 자(feet)로 잰 듯 센 플라스(+는 덧셈=더 셈)
비욘 보리: 항상 생각하는 게 볼이(?)죠
마가렛 코트: 네트 막아 코트 평정
존 머캔노: 항상 머캤노 따지다 악동으로 정평
애드베리: add에서 베리 굿 샷!
보리스 베커: 볼이 서, 배(倍) 커!
지미 코너스: 코너에서 승부
앤디 머리: 머리 써 끝(end)내!
슈테피 그라프: 상승 곡선 그래프
빌리진 킹: 킹의 이름 값!
프로테니스협회인 ATP(Association of Tennis Professionals)
음료도 ATP(A TWOSOME PLACE)에서 협찬?

마귀가 넷이면?
까마귀의 울음 소리는?
흙신의 반대는?

홀인원!

스포츠마다 필요한 요소들이 조금씩 다르지만, 골프만큼 제약이 많은 스포츠도 드물지 않을까요? 흔히들 골프의 3요소라고 하는 장소, 날씨, 멤버는 기본이고, 힘, 기술, 정교함을 갖춰야 함은 물론 맨탈과 매너까지도 중요시되는 골프! 골프의 세계로 들어가 볼까요?

우라 한자 '아롱질얼룩 반斑'을 써서 무라斑라고 읽죠. 즉 원래 발음은 '무라'인데 '우라'로 써 온 셈이죠. '고르지 못함, 한결같지 않음'을 뜻해요. 조금 심하게 오해하시는 분은 '양복 안감'을 가리키는 우라裏인 줄 아는 경우도 있다네요.

쪼로 이 말은 '어수룩하다, 미지근하다, 별거 아니다' 등의 뜻을 가진 일본어 쵸로이ちょろい에서 온 말이에요. 혹시 더프duff 또는 토핑topping을 '쪼로'라고 잘못 쓰고 있는 건 아닐까요?

뽀찌 뽀찌ぽち는 '개평' 또는 '팁'을 뜻하지요.

건배사   올파, 올보기, 올버디, 올통통통, 천고마비-하고마비

올해도 **파**이팅! **올**해도 **보**람차고 **기**분좋게! **올**해도 **버**팀목이 되고 **디**딤돌이 되자
*올버디는 18홀 내내 버디 잡는 것이 아니고, 18홀 동안 4명이 버디 하나씩은 잡자는 뜻이죠.
올해도 의사소**통**, 운수대**통**, 만사형**통**
천천히 **고**개 들지 말고 **마**음을 **비**우고
하체를 **고**정시키고 **마**음껏 **비**거리를 내라

아재 개그

캐디가 즐거우면 카트는?
'구찌 겐세이'를 영어로 하면?
'에이지 슈터'를 다른 말로 하면?

카트윙(漆)
굿찌 해코지
장수(age)노인

미수꾸리   한자 '멜 하荷'의 '니荷'와 '지을 작作'의 즈꾸리作를 써서 니즈꾸리荷造り,荷作り라고 하면 '짐 꾸리기, 짐을 쌈'을 뜻하는데, 흔히들 트렁크에 골프백을 실을 때 '미수꾸리'라고 했지요. 아마도 니즈꾸리荷作り의 발음 변형되어 사용된 예가 아닌가 해요. 한편, '지을 작作'은 한자 '지을 조造'로 쓰여 니즈꾸리荷造り로 표기되기도 하죠.

드라콩   이 말은 드라이브 콘테스트drive contest를 줄여서 표현한 것으로, '롱기스트'를 뜻해요. 니어핀Near Pin은 '니어리스트'에게 주어지는 상이죠.

PGA란?

PGA의 세 가지 이름은?
1. Play Golf Anytime(전천후 골프)
2. Pyungil Golf Association(평일골프협회)
3. Play Godori Anytime(동양화연구소)

2020-2021 개정룰(?)에 따르면 PGA와 관련된 기관의 정의가 바뀌었어요.
1. PGA: 평일 골프 치는 아저씨
2. KPGA: 공짜로 평일 골프 치는 아저씨
3. LPGA: 레이디와 평일 골프 치는 아저씨
4. KLPGA: 공짜로 레이디와 평일 골프 치는 아저씨
5. JLPGA: 자주자주 레이디와 평일 골프 치는 아저씨

참고로, 퍼터도 아닌 것이 퍼트를 하여 쓰리 퍼트를 교묘히 빠져나가는 치퍼(치터 + 퍼트)를 치터(cheater?)로 바꾸자는 안이 나왔다고 하네요.

4명이 고기를 먹으면?
깨뜨리고 칭찬받는 것은?
반찬 추가 시 골프광이 하는 말은?

정답) 포섬
나이스
김치 더 주세요 헉

고나미 한자 '작을 소小'의 '고小'와 '물결 파波'의 '나미波', 그리고 '상줄 상賞'의 '쇼賞'를 합친 고나미쇼小波賞는 전후반 격차가 가장 작은 소파상小波賞이죠. 오나미쇼大波賞는 '큰 대大'의 '오大'와 '물결 파波'의 '나미波'로 전후반 격차가 가장 큰 대파상大波賞이에요. 파par를 많이 하여 받는 상은 다파상多par賞이죠.

가타나 가타나刀는 일본의 유명한 골프 브랜드로, 원래의 뜻은 '외날'인 '칼 도刀'의 가타나刀예요. 영문 표기로 KATANA 또는 SWORD로 쓰죠. '양날의 칼'인 쓰루기劍와 구분됩니다. 다치太刀는 허리에 차는 칼을 뜻하는데, 다치우오太刀魚는 '갈치'죠.

후지쿠라 일본의 대표적인 샤프트shaft 브랜드이죠. 한자 '등나무 등藤'의 '후지藤'와 '곳집 창倉'의 '쿠라倉'를 써서 후지쿠라藤倉죠.

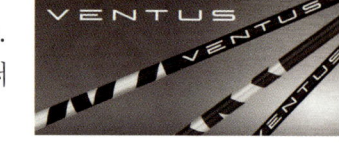

알까기 레알 사전 보기 플레이

댓글 없이 보기만 하는 눈팅을 '보기 플레이'라고 하죠.
아이 쇼핑인 '눈팅'을 하다가 들키면 '눈탱이가 밤탱이'가 된다지요.
보기 플레이어는 남의 샷을 즐기는 '눈팅'을 하지만, 파 플레이어는 채의 맛을 즐기는 '채팅'을 한다지요.
은행원들이 가장 좋아하는 스코아를 '뱅커스 스코아'라고 하는데, 90타인 '보기 플레이'로 싱글도 백돌이도 상대할 수가 있죠. 혹시, 눈치보기 플레이?
김소월 시인은 보기를 무척 싫어하는 모양입니다. 나 Boggy가 역겨워!
회사 마크에 1899가 있는 것은 18홀 99타가 아니라, 전반 9타, 후반 9타로 딱 90타인 보기 플레이를 뜻하겠지요.

 아재 개그

새싹을 자르면?
스워드(劍)로 패면?
칼이 정색하면?

유노ㅋ
쎄쏭(칼쏭)(펖)
으앗칼ㅆ(劍)

마쓰모토 마쓰모토 히로유키松本 広行 사장이 건립한 HIRO MATSUMOTO이죠. 한자 '소나무 송松'의 '마쓰松'와 '근본 본本'의 '모토本', '넓을 광広'의 '히로広', '다닐 행行'의 '유키行'로 구성돼요. '히로広'에 '마당 장場'의 '바場'를 붙인 히로바広場는 한자 그대로 광장広場이죠.

혼마 혼마本間는 한자 '근본 본本'의 '혼本'과 '사이 간間'의 '마間'로 구성된 이름으로, 일본의 대표적인 골프용품 브랜드 중 하나예요. 혼마本間는 '진짜'라는 뜻을 가진 말로, 혼토本当와 같죠. '사이 간間'의 '마間' 앞에 '거간 중仲'의 '나까'를 붙인 나까마仲間는 '중개상인'이란 뜻의 단어지요.

재미나는 아이디

더글라스맥아현미	던진도너츠	떡국의계단
도날드닭	도둑이제발저리가	도레미파솔라고CC
돈들어손내놔	돈워리비어해피	돌아오라소렌스탐
동생방신기	두말하면잔쏘리	뚜껑열린음악회

 **선달이 영원한 보기플레이어인 이유**

11년 11월 11일 11시 11분에 알까기 건배사를 탈고하고 윤선달의 브랜드 마케팅 1호집인 싱싱海 충무집에서 1차 신고식으로 111,111원을 우선 결제한 사실이 있기에 보기만 18개!

장마철에 안 좋은 음식은?
게임에서 매번 지는 채소는?
전 부칠 때 무를 넣으면 안 되는 이유?

요이땅!

뙤약볕이 내리쬐도 찬바람이 불어도 아침 식사를 끝낸 아이들은 "뛰지 마라, 배 꺼진다!"며 걱정하는 엄마 말씀을 뒤로하고 마을 공터로 몰려갔죠. 술래잡기, 망치기, 말타기 등 갖가지 놀이는 "요~이 땅!" 소리와 함께 시작되고, 마을 공터는 아이들의 웃음소리로 가득했어요.

요이땅 한자 '쓸 용用'의 '요用'와 '뜻 의意'의 '이意'가 합쳐진 요이用意는 '마음의 준비'를 뜻해요. 여기에 둥둥둥 하고 울리는 북소리를 뜻하는 '동どん'이 붙어 우리말 '준비~ 땅!'이 완성되죠. '준비, 시~작!' 한편, '좋다'는 뜻의 '요이よい=良い·善い·好い'와는 전혀 별개의 단어이므로 참고하세요.

쇼부 쇼부勝負는 한자 '이길 승勝'의 '쇼勝'와 '질 부負'의 '부負'로 이기고 짐, 즉 승부勝負를 뜻하지요.

건배사   무한도전, 평화통일

무조건 도와 주자 **한**도 없이 도와 주자
도와 달라 하기 전에 도와 주자 **전**화하기 전에 도와 주자
무한리필로 도와 주자 **한** 개라도 도와 주자
도시락 사 들고 다니며 도와 주자 **전**철 타고 다니며 도와 주자
평소에 도와 주자 **화**끈하게 도와 주자 **통** 크게 도와 주자 **일**사천리로 도와 주자

아재 개그

파스에 불이 붙으면?
서울에 산이 없으면?
등산을 영어로 하면?

(해)싸이파
사울이없메
사이클

야와라 야와라柔ら는 한자 '부드러울 유柔'로 유도柔道, 유술柔術의 옛말이에요. 유도柔道는 쥬도柔道라고 하지요.

다스께 다스께助는 한자 '도울 조助'를 써서 손잡아 도와 주기 게임이죠.

헤꼬보 헤코보平行棒는 한자 '평평할 평平'의 '헤平', '다닐 행行'의 '코行', '몽둥이 봉棒'의 '보棒'로 평행봉平行棒이에요.

넨네 넨네ねんね는 유아어로 '잠자는 일'이란 뜻이죠. 그래서 엄마가 아기에게 "우리 아가 넨네하자"라고 하지요.

스베리다리 스베리다이滑り台는 '미끄러울 활滑'의 '스베리滑'와 '돈대 대台'의 '다이台'로, '미끄럼대, 미끄럼틀'을 말하죠.

Pun & Joke — 아빠 힘내세요

아버지가 늘 앉는 자리는? 가장자리
사랑의 매를 댄 아버지와의 관계는? 친아들
가난해도 부자인 것은? 아버지와 아들
아빠의 귀를 비디오로 촬영하면? 부귀영화
공의 아버지는? 공부
아버지가 사는 동네는? 부천

아버지가 우는 소리? 부엉부엉
야구 모자를 때리면? 아빠가 달려온다
아버지가 재혼을 세 번 하면? 엠넷
'아빠 계세요'를? 파파이스
아빠가 뽀뽀하면? 에비츄
아빠가 냄새나면? 취두부

산불이 났을 때 발생하는 가스는?
산타 할아버지가 싫어하는 차와 커피는?
산타 할아버지에게 산불이 났다고 하려면?

산타아저씨(山 타)
산타(車)
산소나무

가꾸렘보 한자 '숨을 은隱'의 가꾸레隱는 '숨다'라는 뜻이에요. 여기에 '～보ん坊'가 붙은 가꾸렘보隱れん坊는 숨바꼭질을 뜻하죠. 일본어에서 'ん坊'가 붙으면 '～하는 사람'을 뜻해요.

오니곳꼬 '귀신 귀鬼'인 '오니鬼'는 '귀신, 도깨비'라는 뜻이고, 곳꼬ごっこ는 '～을 흉내내는 놀이'라는 뜻이에요. 따라서 오니곳꼬鬼ごっこ는 귀신 놀이, 도깨비 놀이, 즉 술래잡기 놀이를 뜻하죠. 귀신, 도깨비를 뜻하는 오니鬼에 '이 치歯'의 '하歯'를 붙이면 발음 변형이 생겨 오니바鬼歯가 되는데, 도깨비처럼 생긴 이, 즉 '덧니'를 뜻해요. 야에바八重歯라고도 하죠.

상가꾸 상가꾸三角는 한자 '석 삼三'의 '상三'과 '뿔 각角'의 '가꾸角'로 '삼각'이라는 뜻인데, '삼각형 게임'을 이렇게 불렀죠.

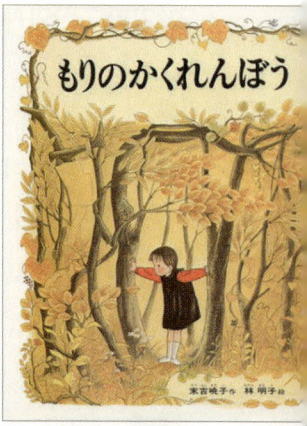

재미나는 아이디

모두까기인형	모란동백섬	모르는게산책
무소의기적	목숨버려무기살려	무스바른스님
무엇이든물어뜯어보세요	물넣어나라	뭉치면죽는다
미워도다시산다	미리부터발끝까지	미륵부쳐

아재 개그

'너는 진상이다'를 영어로 하면?
'돌잔치'를 영어로 하면?
가장 어마무시한 일은?

동시상영(田=you)
한해서니패밀(rock=돌)
엄마 무시당한 일

82

덴치 한자 '하늘 천天'의 '덴天'과 '땅 지地'의 '치地'로 구성된 덴치天地는 하늘과 땅이라는 뜻이에요. 도구 없이 편을 가를 때 손바닥이 하늘을 향하면 '천天', 땅을 향하면 '지地'죠. 이때 손으로 편을 가른다고 해서 '손 수手'의 '데手'를 넣어 데덴찌手天地라고 했지요. 한편, 발음이 같은 덴치電池는 '번개 전電'과 '못 지池'를 써서 '전지, 손전등'을 뜻해요.

빠찡코 빠찡코パチンコ는 슬롯 머신, 핀볼을 말하는데, 고무줄 새총 또는 속어로 권총拳銃이라는 뜻으로도 쓰여요. 빠찡코パチンコ에 '집 옥屋'의 '야屋'를 붙이면 빠찡코야パチンコ屋로 빠찡코장場을 뜻해요. 일본어에서 '~야屋'는 그런 것을 하거나 파는 가게를 뜻해요.

알까기 레알 사전 물구나무서기!

Can you understand? 물구나무서기 할 줄 아세요?
곰국을 거꾸로 하면? 논문
피노키오를 거꾸로 하면? 오! 키노피(그래서 키가 큰가 보네요)
go를 한글 자판으로 치면? 해, god는? 행(幸. 하늘이 가져다 주는 행복!)
sns를 한글 자판으로 치면? 눈(세상을 보는 눈이구나)
공룡을 뒤집어 시를 쓰면? 운율
삶의 보람을 거꾸로 하면? 람보의 삶
race car(레이스 카)를 거꾸로 해도? race car
GD가 물구나무 서면 안 되는 이유는? DG니까
산토리(樣鳥)의 창업주 토리상(鳥樣)을 거꾸로 하면 산토리(樣鳥)인데, 발음도 양조(樣鳥=釀造)와 같은 묘한 인연!

산골에서 5G가 터지면?
손흥민의 엄마는?
낙타의 어머니는?

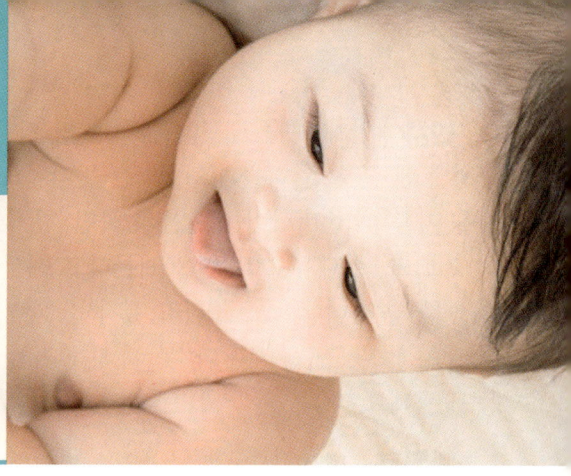

아다마

몸과 관련된 말은 일상 생활의 다양한 상황에서 사용되죠. 그래서 그런지 신체 관련 일본어가 우리 주위에 아직도 많아요. 그런 단어들도 점검하면서 일본어에 조금 더 익숙해져 볼까요?

아다마 아다마頭는 한자 '머리 두頭'를 쓰는 말로, '머리, 두상'을 뜻하죠.

가오 가오顔는 한자 '얼굴 안顔'을 써서 '얼굴, 낯짝, 체면' 등을 뜻하는데, 흔히 '얼굴 마담'을 '가오顔 마담'이라고 하죠.

가오다시顔出는 한자 '날 출出'의 '다시出'을 붙여 '인사나 눈도장 찍기'를 뜻하죠. 어떤 행사에 참석해서 함께하는 것이 아니라 잠깐 출석하는 '눈도장 찍기'예요. '가오다시顔出 잡다'는 '허세를 부리다, 폼 잡다'란 뜻인데, 차라리 '어깨 견肩'을 써서 '가다肩 잡는다'고 하는 편이 더 낫겠어요.

가오아와세顔合せ는 '합할 합合'의 '아와세合'를 붙여 '첫 대면, 첫 회합, 상견례'란 뜻이죠.

건배사   스마일, 우하하, 모내기

스쳐도 웃고 **마**주쳐도 웃고 **일**부러 웃자. 그런데 어떤 사람은 '마자(맞아)도 웃고'라네요.
우리는 **하**늘아래 **하**나다.
모처럼 **내**친구 만나 **기**분좋아

아재 개그

하하보다 작은 사람이 웃으면?
밥 먹기 위한 내기는?
모내기 기계가 고장이 나면?

(답)우후후후
(답)금식내기
(답)모내기고장(답)

가오나시顔無し는 '없을 무無'의 '나시無'가 붙어 〈센과 치히로의 행방불명〉에 등장하는 캐릭터로 '얼굴 없는 가면'이지요.

구찌 구찌口는 한자 '입 구口'로 '입'을 뜻해요. 창구窓口는 마도구찌窓口라고 하죠. 이리구치入口는 '들 입入'의 '이루入'를 써서 '들어오는 곳, 어귀, 들목, 입구'를 말하지요. 반대말은 '날 출出'의 '데出'를 붙인 데구치出口로 출구出口를 뜻해요.

구치판치口パンチ는 펀치punch를 붙여 '입심, 말솜씨'를 말하죠.

구찌 겐세이口牽制라는 말도 많이 하는데요, 겐세이牽制는 견제牽制로 '입으로 남을 견제하는 것'을 말하죠.

구찌베니口紅는 구찌口에 '붉을 홍紅'의 '베니紅'를 써서 '립스틱'이죠.

구찌비루脣는 구찌口에 '비루(맥주)'가 묻은 것이 유래인지 '입술 순脣'이네요.

쓰메키리 쓰메키리爪切는 '손톱 조爪'의 '쓰메爪'와 '끊을 절切'의 '키리切'로 '손톱깎이'죠.

재미나는 아이디

미션임파서핑	미쉘위댄스	미풍당당
미찌꼬렌던포그	미키마우스패드	믿음소망사
바람과함께살빠지다	바람많은나무에가지잘날	바람든무우다리
바리바리스타	박살공주와칠순난장이	발렌타인17차

검도를 하다가 죽은 원인은?
커다란 비가 두 번 떨어지면?
가수 비가 흘리는 땀은?

(답: 호우호우(후우후우))
비비미
빗물땀

아고 아고顎는 한자 '턱 악顎'을 써서 '턱'이란 뜻이죠. '아고통 날리다'는 말이 여기서 나온 건 아닌지 생각해 봅니다. 여기에 한자 '수염 수鬚'의 '히게鬚'를 붙인 아고히게顎鬚는 턱수염을 뜻하고, 구치히게口鬚는 콧수염을, 모미아게揉み上げ는 구레나룻을 뜻해요. '턱관절'인 악관절顎関節이 같은 한자죠.

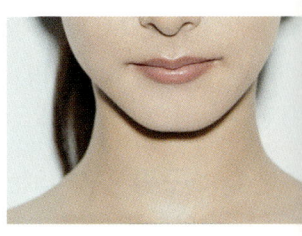

아시바 아시바足場는 '발 족足'의 '아시足'와 '마당 장場'의 '바場'가 연결된 단어로 건설 현장에서 '발판, 디딜 곳, 비계'를 뜻하죠. 참고로 '바場'는 '~하는 곳'이라는 뜻이고, '아시足'는 영화계에서는 '삼각대'를 뜻하기도 하죠. '아시足'가 한자 '발 족足'을 쓰는데, 일본에서는 '다리 각脚'도 '아시脚'라고 하죠. '각선미脚線美' 할 때 '각脚'이죠.

Tip & Talk — 개미가 열 마리 있습니다.

일본어를 못하는 사람이라도 한 번쯤 들어봤을 일본어는 아마도 '아리가토고자이마스' 아닐까요? '고맙습니다'라는 뜻이죠.

그런데 이 말은 말장난을 부리면 '개미가 열 마리 있습니다'라는 뜻이 되죠. 일본어에서 '아리(蟻)'는 '개미'이고, '가(が)'는 우리말과 똑같이 '~가'죠. 여기까지가 '개미가'로 재구성돼요.

다음으로 '십(十)'은 '쥬(十)'라고 하지만, '열(十)'이라고 할 때는 '토(十)'라고 해요. 그래서 '토(十)'는 '열'이 되네요.

나머지 '고자이마스'는 '있습니다'라는 뜻으로도 쓰이죠. 이렇게 해서 모두 연결하면 '개미가 열 (마리) 있습니다'로 재구성돼요.

알까기를 하면, '나방'도 한자 '나방 아(蛾)'를 써서 '아리'라고 하니, 발음이 같아요. '나방이 열 마리 있습니다'라고도 이해할 수 있죠.

변형 알까기를 하면 '아리가'를 '아가리'로 바꾸면, '아가리'는 '입가심용 후식 녹차'라는 뜻이 있어요. 그래서 '아가리 토 고자이마스'는 '후식 녹차 열 잔 있습니다'가 되겠죠.

 아재 개그

나방을 영어로 못 쓰는 이유는?
아리가 또 죽으면?
고기의 자기소개는?

무끼 무끼向きは 한자 '향할 향向'을 써서 '학생용, 교사용'처럼 '~용, 소용'의 뜻이에요.

마에무끼前向きは '앞 전前'의 '마에前'를 붙인 것으로, '정면으로 향함, 사고방식이 발전적이고 적극적임'을 뜻해요.

히마와리向日葵는 '해바라기'를 뜻하는데, 한자는 '향할 향向'의 '무끼向'와 '날 일日'의 '히日', '해바라기 규葵'의 '아오이葵'를 쓰면서 발음 자체는 특수하게 읽히는 구조예요.

해바라기씨는 '씨 종種'인 '타네種'로 히마와리노타네 向日葵の種이고, '해바라기씨 기름'은 히마와리유向日葵油죠.

Pun & Joke — 엄마 힘내세요

엄마는 애쓴다? msg
아기가 지면? 엄마 이겨
엄마가 상자이면? 메가박스
엄마가 집에 없으면? 마마무
바쁜 어머니를 위한 음악? BGM(소리가 나는 금?)
아내가 탈이 나면? 각시탈
아리랑, 쓰리랑의 어머니는? 아라리(아리아리랑 쓰리쓰리랑 아라리가 났네)

울 엄마가 만든 것? 메이드인저어머니
엄마가 몸살 걸리면? 엄살
통통이 엄마를? 모퉁이
아침마다 엄마가 찾는 나라는? 일어나라
나방의 어머니는? 맘모스
어머니가 아프면? 맘이 아프다

고민이 많은 물건은?
곰이 사과를 하면?
매일 미안한 동물은?

자바라 자바라蛇腹는 '뱀 사蛇'의 '자蛇'와 '배 복腹'의 '하라腹'로 구성된 말로, '하라腹'가 '바라'로 발음 변형을 일으켜 자바라蛇腹로 발음하고, 뱀의 배처럼 생긴 신축성 있는 '주름상자'를 뜻하죠. '배'를 뜻하는 하라腹에 접두어 오お를 붙여 오하라お腹라고 하면 정중한 느낌을 주죠. 하라腹 대신에 '가운데 중中'의 '나까中'를 써서 오나까お中라고도 해요. '뱀 사蛇'의 '자蛇'에 '입 구口'의 '구치口'를 붙이면 자구치蛇口가 되는데, 이는 뱀의 입 같이 생긴 '수도꼭지'를 뜻해요. '뱀'의 훈독은 '헤비蛇'랍니다. 그래서 어릴 적에 '헤비다!'라며 아이들을 놀래키기도 했죠.

찌찌 찌찌乳는 '엄마의 '젖'을 나타내는 한자 '젖 유乳'를 쓰죠. 일본어로 아빠를 '찌찌'라고 하는데, '찌찌乳'가 없는 '아빠'가 '찌찌父'라며 하하 웃는 '엄마'는 일본어로 '하하母'랍니다.

사리마다 사루마타猿股는 '원숭이 원猿'의 '사루猿'와 '넓적다리 고股'의 '마타股'로, '원숭이 가랑이에 걸치는 것' 바로 '팬츠, 잠방이'죠. 마타가루股がる는 '걸치다'란 뜻이에요.

 원숭이 세 마리

우리나라 시집살이에 관한 속담으로 '장님 3년, 벙어리 3년, 귀머거리 3년'이라는 말이 있죠. 일본 닛코(日光)의 도쇼구(東照宮)라는 곳에 가면 세 가지를 하지 마라는 산자루(三猿)라는 건축물이 있어요. 見ざる(보지 않는 원숭이), 聞かざる(듣지 않는 원숭이), 言わざる(말하지 않는 원숭이)가 그것이죠. 우리나라의 시집살이 속담은 시집에서 쫓겨나지 않기 위한 처세술이고, 일본 산자루는 일본 막부(幕府) 시절 무사 지배 밑에서 민초들이 목숨을 부지하기 위한 처세술이었죠.

아재 개그

사람을 애태우게 하는 차는?
도개걸윷모에서 '모'를 빼면?
엄마 품을 벗어나면 주는 증서?

오자키   일본 골프를 대표하는 '점보 오자키尾崎'는 '꼬리 미尾'의 '오尾'와 '험할 기崎'의 '사키崎'의 변형어로 '산부리, 곶'을 의미하는데, '장산곶' 할 때 쓰는 '곶'입니다. '오자키 유타카尾崎豊'라는 유명한 가수도 있었죠. 참고로, 엉덩이는 꽁무니 고尻'를 써서 '시리尻'라고 한답니다. '엉덩이'가 '시리尻'다고요?

 **오아시스**

사막에서 오아시스를 만나면 목마름을 해소하듯이, 일본에서 오아시스만 알면 50%는 만사형통!
오하요[お早う] 고자이마스(ございます)는 아침인사로 good morning(안녕하세요.)
아리가또[有(り)難う] 고자이마스는 '감사합니다'로 thank you에 해당되죠.
시쯔레이 시마스(失礼します)는 '실례합니다' excuse me에 해당됩니다.
스미마셍(すみません)은 세 가지 뜻이 있는데,
①죄송(미안)합니다, ②고맙습니다, ③실례합니다.

 **도조, 도모**

그럼, 나머지 50%는? '도조'와 '도모'만 알면 해결되죠.
'도조'는 상대방에게 무엇을 권할 때, 부탁할 때, 공손하게 표현하는 말입니다. '아무쪼록, 부디, 어떻게든, 어서' 등의 뜻이고, 영어로 치면 please에 해당!
'도모'는 도모 스미마셍(정말 미안합니다), 도모 아리가또(정말 고맙습니다), 도모 시쯔레이 시마스(매우 실례했습니다)의 압축된 말로서 '정말, 참, 매우'가 '도모'입니다.
어떤 음식점에는 국물을 다 마시고 깨끗이 비운 그릇 바닥에 '아리가또 고자이마스'라고 쓰여 있답니다.
건배사도 **땡큐**만 알면 50%는 해결된답니다.
경자년은 **땡** – 신축년은 **큐**, 나쁜 기억 **땡** – 좋은 추억 **큐**, 나쁜 일은 **땡** – 좋은 일은 **큐**

징을 세게 치면?   아이야(쟁)
물 없는 사막에서도 할 수 있는 물놀이는?   사록놀이(沙)
오리가 사물놀이를 하면?   덕니유(Duck)

고시 고시腰의 한자는 '허리 요腰'죠. 사물의 중간 부분, 자세를 뜻해요. 고시마와리腰回り는 '돌 회回'의 마와리回로 '허리 둘레, 엉덩이 둘레'를 뜻하죠.

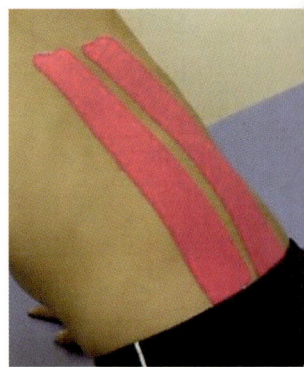

땡깡 '땡깡부린다'는 말이 있죠. 사실 이 땡깡癲癇은 발작, 행패, 억지, 간질, 지랄병, 생떼를 뜻하는 일본어로, 함부로 써서는 안 되는 단어지요. 한자가 복잡하기 때문에 히라가나인 てんかん으로 씁니다.

장께미 쟝켐뽕じゃん拳ぽん은 '가위 바위 보'를 뜻하지요. '묵찌빠'라고도 하는데, '묵찌빠'는 '구, 쵸키, 파'에서 왔다는 설이 있지요. 일본어로 '구'는 '이시石(돌)', '쵸키'는 '하사미鋏(가위)', '파'는 '카미紙(종이)'예요. '겐拳'은 '주먹 권拳'이죠. 고부시拳라고도 읽어요. 권투拳鬪를 겐토拳鬪라고 하죠.

사까다찌 사까다찌逆立는 한자 '거스를 역逆'의 '사까逆'와 '설 립立'의 '다치立'로 구성된 '물구나무 서기'죠.

🕊 알까기 레알 사전 발렛퍼팅

깃대를 잡아 줄 때 애매한 OK 거리를 대신 처리해 주며 돈을 땄을 때 비용을 받는 퍼팅을 **발렛퍼팅**이라 합니다.
짝퉁이 오리지널보다 나은 것? 여친, 남대문 짝퉁 그리고 가라 스윙 아닌 **빈 스윙** or **연습 스윙**!
골프장에서 내리막 퍼팅은 애인에게도 OK를 안 주는데, 마누라보다 더 무서운 것이 있답니다.
내리막 **옆라이 퍼팅**.

아재 개그

선풍기가 바람을 피면?
공기를 먹고 커지면?
배가 안 부른 밥은?

움ㄴ기공훗
에어중산(airㅈ산이)
한ㄴ기팝

'거스를 역逆'을 당구 용어에서는 훈독으로 **갸꾸**逆로 발음하죠.

'설 립立'의 '다치立'에 '마실 음飮'의 '노미飮'를 붙인 **다치노미**立飮는 '서서 마시는 것'을 뜻하죠.

'술집'을 '마실 음飮'의 '노미飮'에 '집 옥屋'의 '야屋'를 붙인 노미야飮屋라고 하고 술만 파는 집을 **사까야**酒屋라고 하죠.

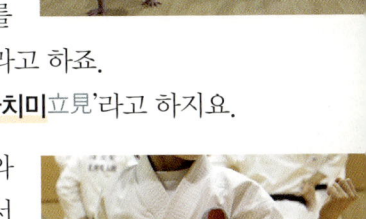

영화 등 '서서 보는 것'을 '볼 견見'의 '미見'를 붙여 **다치미**立見라고 하지요.

가라테　가라테空手=唐手는 '빌 공空'의 '가라空'와 '손 수手'의 '테手'로 쓰죠. 당나라에서 온 권법이라는 데서 '당나라 당唐'의 '가라唐'를 붙인 가라테唐手를 당수唐手라고 해요.

데스리手すり는 '난간'을 뜻하죠.

데모토手元는 기구 등에서 손으로 잡는 부분이나 조수, 보조공을 뜻해요. 손이나 감독이 미치는 범위를 말하기도 하죠.

가라마와리空廻り는 '빌 공空'의 '가라空'와 '돌 회廻'의 '마와리廻'로 '헛돌기'예요.

 **가라스윙**

'가라스윙'이란 말을 많이 쓰죠. '가라스윙'은 본인이 공을 맞추려고 하는 의도가 있었는데 맞지 않았을 때 1타로 처리되는 것이 '가라스윙'입니다. 흔히 연습할 때는 '빈스윙'이나 '연습스윙'이죠. 일본말로 하자면 '흴 소(素)'의 '스(素)'를 써서 '스부리(素振)'라고 한답니다.

공기밥을 영어로?
빛을 볼 때 먼저 하는 말은?
영어권 사람들이 죽어서 지옥을 많이 가는 이유?

공사장

근대화가 이루어지면서 전통 방식의 건축 기술은 사라지고 새로운 건축 기술이 그 자리를 메우게 되었죠. 그 기술의 대부분을 일본으로부터 익혔다는 사실은 역사의 아픔에도 불구하고 부정할 수 없어요. 따라서 거기에 녹아 있는 용어 또한 일본어의 잔재가 많아 참고하기에 용이하겠죠. 살펴볼까요?

노가다 원래 일본어 발음은 도카타土方예요. '흙 토土'의 발음 '도'와 '모 방方'의 발음 '가타'가 어우러진 말로, 공사 현장에서 일하는 '막일꾼'을 뜻해요.

함바 '밥 반飯'을 '한'으로 읽고 '마당 장場'을 '바라고 읽어서 함바はんば라고 발음하고, 건설 현장에 마련된 식당을 뜻하죠. 飯은 고항ご飯이라고 하면 '밥'을 뜻하고 '바場'는 '~하는 곳(장소)'을 뜻해요. 한편, 飯을 '메시'라고도 읽고, '밥'을 뜻하죠.

요코다테 '가로세로'를 뜻하는 이 말은 '橫(가로 횡)'을 '요코'로, '縱(세로 종)'을 '다테'로 읽어, 합쳐서 요코다테橫縱라고 해요. '橫(가로 횡)'은 우리에게도 친근한 항구 도시 요코하마橫浜에도 쓰이는 한자예요. 그런데 실제로 일본에서는 橫縱(요코다테)라고 하지 않고 縱橫(다테요코)라고 한다네요.

아시바 '발 족足'을 일본어로 '아시'라고 읽고, '~하는 곳(장소)'을 나타내는 '바場'를 붙여서 만들어진 아시바足場는 '발 디딜 곳'이란 뜻이죠. 아시足는 '삼각대'를 뜻하기도 해요. 또 어떤 일이 벌어지고 있는 '현장'은 겐바現場라고 해요. 한편, 오도리바踊り場 한자 '뛸 용踊'을 써서 '무도장' 또

 아재 개그

항상 가지고 다니는 흉기는?
건배와 축사 전문가는?
'가다'의 반대말은?

마그네
건축가
오다(와)

는 '계단의 층계참'이죠.

뎃빵　이 말은 鉄板이라는 한자를 쓰는데요, '철판'이에요. 공사 현장에서 '우두머리'를 뜻하는 은어로 쓰이죠. '철판 구이'는 뎃빵야끼鉄板焼라고 해요. 板은 '널조각 판' 자로, 공사 현장에서는 '널판지'를 '이다'라고 하는데, 실제 발음은 '이타'예요.

오함마　'큰 대大'를 일본어로 '오'라고 읽고 영어 hammer(망치)를 '함마'라고 읽어서 오함마大hammer가 된 거죠. '큰 망치'라는 뜻이죠. 관련해서 '큰 삽'을 '오大삽'이라고 하기도 해요. 오삽은 대개 각삽을 말하고 막삽은 삼각형으로 된 삽이죠.

오야가타　'어버이 친親'을 '오야'라고 읽고, '모 방方'을 '카타'라고 읽어 '오야카타'가 돼요. 우리가 흔히 '책임자'라는 뜻으로 알고 있죠. '가타方'는 '~분(사람을 높여 이르는 말)'이란 뜻으로 쓰인다는 것도 알아 둬요. '오야카타'가 일본의 씨름 스모相撲 도장에서는 '관장'이라는 뜻을 가지죠. '아비 부父'를 붙인 오야지親父는 아버지, 현장 책임자, 어른을 뜻해요.

우라이시　裏(속 리)를 '우라'로 읽고, 石(돌 석)을 '이시'로 읽어 우라이시裏石예요. 공사 현장에서 '뒷채움 자갈'을 뜻하죠. 다마이시玉石는 '구슬 옥玉'의 '다마玉'를 써서 '호박돌'을 뜻해요. 알돌, 담을 치는 데나 정원의 돌로 쓰이는 구리이시栗石는 '밤나무 률栗'의 '구리栗'를 써서 '호박돌, 잡석, 자갈' 등을 뜻하죠.

 **재건축, 재개발**

재력있고 **건**강하고 **축**복 받으며 살자
재치있고 **개**성있고 **발**랄하게

돼지 앞발의 반대말은?
아마추어의 반대말은?
야한 잡지의 반대말은?

가꾸모꾸　가꾸모꾸角木는 한자 '뿔 각角'과 '나무 목木'을 써서, 각목角木을 뜻하죠. 가꾸자이角材를 주로 쓴답니다.

자바라　자바라蛇腹는 '뱀 사蛇'의 '자蛇'와 '배 복腹'의 '하라腹'로 구성된 말로, '하라腹'가 '바라'로 발음 변형을 일으켜 자바라蛇腹로 발음하고, 뱀의 배처럼 생긴 신축성 있는 '주름상자'를 뜻하죠.

'뱀 사蛇'의 '자蛇'에 '입 구口'의 '구찌口'를 붙이면 **자구치**蛇口가 되는데, 이는 뱀의 입 같이 생긴 수도꼭지를 뜻해요. '뱀'의 훈독은 **헤비**蛇랍니다. 그래서 어릴 적에 '헤비다!'라며 아이들을 놀래키기도 했죠.

'뱀 사蛇'의 '다蛇'에 '발 족足'의 '소쿠足'를 붙이면 **다소쿠**蛇足, 즉 '사족'으로 '**군더더기**'를 뜻하죠.

참고로, **쵸다노레쓰**長蛇の列라는 말이 있는데, 긴 뱀과 같이 한 줄로 길게 늘어선 모양, 즉 **장사진**長蛇陣이죠.

데모도　한자 '손 수手'의 '데手'와 '으뜸 원元'의 '모토元'을 합친 데모토手元는 기구 등에서 손으로 잡는 부분이나 조수, 보조공, 조력공, 잡일꾼, 현장에 투입된 초짜 알바생 등을 뜻해요. 손이나 감독이 미치는 범위를 말하기도 하죠.

스미　스미墨는 한자 '먹 묵墨'을 써서 '먹줄'이죠. 참고로 노미鑿는 '뚫을 착鑿'으로 '끌, 정'을 뜻해요. 데코挺子는 '뺄 연挺'과 '아들 자子'로 '지렛대'를 뜻하고, '노끼軒'는 '추녀(집) 헌軒'으로 '처마'예요. 쓰미積み는 '쌓을 적積'으로 '벽돌공, 벽돌 쌓기'이고, 유까床는 '평상 상床'으로 '바닥Trap'을 뜻하죠. 기리錐는 '송곳 추錐'이고, 구이杭는 '막을 항杭'으로

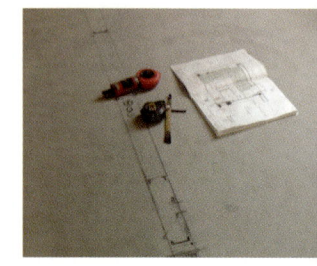

 아재 개그

한양을 영어로 하면?　　　　　　　　　　　　　　　　　　　Yes, sin(예사롱)
주방장이 싫어하는 도시는?　　　　　　　　　　　　　　　　부산
칼을 조심해야 하는 도시는?　　　　　　　　　　　　　　　　베이징

'말뚝'이에요. 가베壁는 '바람벽 벽壁'으로 '벽'이죠. 덴죠天井는 '하늘 천天'과 '우물 정井'으로 '천장'이에요.

미즈모리 한자 '물 수水'의 '미즈水'와 '성할 성盛'의 '모리盛'를 합친 미즈모리水盛り는 물수평, 수준기水準器를 뜻해요. 미즈키리水切り는 '끊을 절切'로 '물 끊기'죠. 조로ジョウロ는 포르투칼어 조로jorro로 물뿌리개인데 미즈水에 스프레이スプレー를 붙인 미즈스프레이水スプレー라고도 해요. '조리'라고 사용해 왔죠.

네지마와시 네지마와시螺子廻し는 '소라 라螺'와 '아들 자子'로 '네지螺子'라고 읽어 '나사(못)'를 뜻하고, 마와시廻し는 '돌 회廻'를 써서 '돌리기'를 뜻해, 나사 돌리개, 나사 틀개, 드라이버죠. 다방 종업원인 '레지'는 '계산원, 카운터'인 '레지스터register'의 '레지'이므로, '네지'와는 달라요. 죠바帳場는 '휘장 장帳'의 '죠帳'와 '마당 장場'의 '바場'를 써서 '계산대, 카운터'를 뜻하지요. 모쿠네지木螺子는 '나무 목木'을 썼는데, '나사못'을 뜻한답니다.

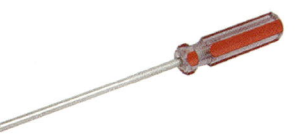

Pun & Joke 잉글리쉬

어린 물고기는? 영어
'참새'의 영어 이름은? 쨱(Jack)
'신발 가게'를 영어로 하면? 슈바이처
'사과 드세요'? 스티브 잡수
'지갑에서 100원을 꺼냈다'를? 아웃백
'장인'을 영어로? 롱맨

'알다시피'를 영어로 하면? R-P
'무국'을 영어로 하면? 무스탕
'자소서'를 영어로 하면? Sleep
'규칙으로 행복하게'를? 룰루랄라
'생중계가 끝났다'? 엔드라이브
이 아이는 뭐지? 먼데이키즈

술을 말 건지 물어 보면?
꼴라들이 방에 가득 차면?
신 氏들이 가득 찬 동네는?

(해리움)서어시에리움
(씨랋)슨슘물리킇
(씨氏)슨씨니슷

시마이 시마이仕舞い는 한자 '벼슬 사仕'와 '춤출 무舞'를 써서 시마이仕舞로 읽고 '끝내기, 마감'을 뜻해요. 유아들에게는 '오시마이'라고 하죠. 시마이終い처럼 '마칠 종終' 자를 쓰기도 한답니다. 방송이나 영화에서는 '끝'이라는 뜻으로 자막에 終이라고 표시하는데요, 이 때는 오와리終=The end라고 발음하죠.

바라시 바라시ばらし는 '헐기, 뜯기, 분해, 해체'를 말하죠. 원형인 바레루ばれる는 '들키다, 드러나다'라는 뜻이에요.

니쥬 니주二重는 '두 이二'와 '무거울 중重'으로 '깔판'을 뜻해요. 후타에二重라고도 발음하죠. 이중눈썹인 '쌍꺼풀'을 '눈꺼풀 검瞼'의 마부타瞼를 붙여 후타에마부타二重瞼라고 해요. '두 사람', 즉 '이인二人'을 '후타리二人'라고 하고, '쌍둥이'는 후타고双子라고 하죠. 니주마루二重丸는 '알 환丸'의 '마루丸'가 붙어 '이중 동그라미'를 뜻해요.

헤베 헤베平米는 '평평할 평平'과 '쌀 미米'를 써서 평방미터(가로×세로)를 나타내요. '루베'는 입방미터1m³인 세제곱미터(가로×세로×높이)에 해당하는 용어로 '입방미터'인 입방미立方米예요. 시하찌四八라고 하면 이찌니산시一二三四의 '시四'는 '4'이고, '하찌八'는 '8'로 '4*8합판'을 뜻하죠. 슴뽀寸法는 '마디 촌寸'과 '법 법法'으로 '치수size'라는 뜻이에요.

 **구구단 사오정**

| 24센타 | 28청춘 | 29아나 | 31절 | 38광땡 | 42좋아 | 45정 |
| 52팩 | 53불고기 | 63빌딩 | 77맞게 | 82아파 | 88올림픽 | 94일생 |

아재 개그

동시에 두 커플이 생기면?
햄이 괴물이 되면?
김밥과 햄버거 중 빠른 것은?

유비커플

햄스터

햄버거(=하프스터)

도료 도료塗料는 '진흙 도塗'와 '되질할 료料'로, 페인트, 니스, 칠감을 뜻해요. '신나'는 영어 씨너thinner에서 온 말로 '페인트 등 희석제'죠. 일시적 환각제인 '시너 중독'도 여기에서 나온 말입니다.

기즈리 기즈리木摺り는 '나무 목木'의 '기木'와 '꺾을 랍摺'의 '스리摺'로, '졸대'예요.

스기 스기杉는 한자 '삼나무 삼杉'을 쓰죠. 히노키檜는 '노송나무 회檜'로 사우나에 많이 쓰이는 건축 자재인 '편백나무'죠.

가꾸부찌 가꾸부찌額緣는 '이마 액額'의 '가꾸額'와 '가장자리 연緣'의 '후치緣'가 만나 발음 변형을 일으켜 가꾸부찌額緣가 되었는데, 뜻은 '창틀, 액자, 창문선(문틀)'을 뜻해요. '이마 액額'인 가꾸額는 경제나 살림의 '금액, 액수'를 의미하기도 하죠.

요고레 요고레汚는 '더러울 오汚'를 써서 '바탕때'를 뜻하지요.

재미나는 아이디

박수칠때터놔라	반만고양이	반지하의제왕
발광머리앤	발리에서생깐일	밥딜러
배구른산	배운망덕	백마타고온환자
백번김구운선생	뱃살공주	백수아다다

전화기에 색소를 입히면?
설탕이 헬스로 생기는 근육은?
설탕이 타버리면?

새로운 폰(phone)
당근(筋)
당번(burn)

입뽄모노 한자 '한 일一'과 '근본 본本'을 합쳐 입뽄一本으로 읽고, '만물 물物'을 '모노物'로 읽은 입뽄모노一本物는 '하나로 된 물건'을 뜻하죠. 입뽄까치一本勝ち는 '이길 승勝'의 까치勝을 연결해 유도나 검도에서 '한판승'을 뜻해요.

오리자쿠 오리자쿠折り尺는 '꺾을 절折'의 '오리折'와 '자 척尺'의 '샤쿠尺'로, '접이 자'를 뜻해요. 오리가미折紙는 '종이 지紙'의 '카미紙'를 연결해 '종이 접기 놀이'를 뜻하죠.

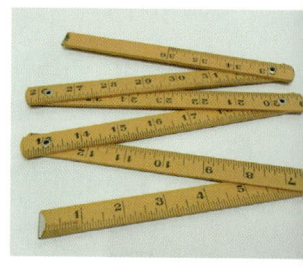

기리빠시 한자 '끊을 절切'의 '기레切'와 '끝 단端'의 '하시端'가 합쳐진 기렛빠시切端는 '끄트머리, 쓰레기, 하찮은 것'과 '헝겊 천 조각, 자투리, 자르고 남은 화투 패'를 뜻해요. '하시端'가 '빠시端'로 발음 변형되었어요.

구미타테 구미타테組立는 '짤 조組'의 '구미組'와 '설 립立'의 '타테立'로 '조립組立'을 뜻하죠. 구미組는 단위 '조組'나 '반班'을 뜻해요.

무네 무네棟는 한자 '마룻대 동棟'을 써서 용마루 밑에 서까래가 걸리게 된 도리인 마룻대로 '세트, 채'를 뜻해요.

고시 고시腰 한자 '허리 요腰'를 쓰는데, 방의 중간 부분 하단인 '굽도리'나 '허리, 자세'를 가리키지요.

 **세우자**

세계의 평화와 **우**리들의 우정과 **자**신의 건강을 위하여
세계 **우**아하게 **자**신있게

아재 개그

말을 때리면 대마초가 되는 이유는?
핸드폰에서만 사는 부족은?
핸드폰을 이어서 붙이면?

말이 (대마초)대마조

핸드부족

이어폰(ear)

시타누리 시타누리下塗り는 '아래 하下'의 '시타下'와 '칠할 도塗'의 '누리塗'로 '애벌칠'이에요.

쓰루하시 쓰루하시鶴嘴는 '두루미 학鶴'의 '쓰루鶴'와 '부리 취嘴'의 '하시嘴'로 두루미의 부리와 모양이 비슷한 '곡괭이'를 뜻해요.

엔토츠 엔토츠煙突는 '연기 연煙'의 '엔煙'과 '부딪힐 돌突'의 '토츠突'로 '굴뚝'을 뜻하죠. 일본에서도 성탄절 전야 산타클로스 할아버지가 선물을 들고 진입하는 곳으로 사용하고 있다네요.

우마 우마馬는 한자 '말 마馬'를 써서 미장이 등이 쓰는 아래쪽이 벌어진 네 발 달린 발판을 가리키는 '발돋움'을 뜻하죠. 말이 다니는 길을 '우마 길'이라고 했지요.

다테구미 다테구미縱組み는 '세로 종縱'의 '다테縱'와 '짤 조組'의 '구미組'로 인쇄 활자의 세로짜기를 말하죠. 구미다테組立て는 '설 립立'의 '다테'를 붙여 조립組立, 짜기, 짜맞추기를 뜻하죠. 다테立에 간방看板을 붙이면 다테간방立て看板이 되어 '입간판'을 뜻하죠.

 알까기 레알 사전 배터리

'눈을 떠라'의 세계 공통어가 뭘까요? Amen! 하면 다들 눈 뜨죠?
해적을 영어로 뭐라고 할까요? 강정호가 있었던 피츠버그의 파이어리츠? '배터리'죠.
배 장수가 좋아하는 배떠리도 아니고 투수와 포수 배터리도 아닌 '배 털이'죠.
배털을 전기면도기로 밀면 안 된답니다. 배터리(?) 없으면 꺼지니까요.
글로벌시대 3개 국어 정도는 다 하시겠죠? 핸들 이빠이 꺾어!

피를 뽑으면 어지러운 이유는?   피가운사(pigone)
가장 힘든 책은?   지운사(짐)
119가 힘든 이유는?   구조운사(9재)

오슈리 한자 '닦을 수修'의 '슈修'와 '다스릴 리理'의 '리理'를 붙여 '슈리'라고 하면 '수리'를 뜻하죠. 여기에 '큰 대大'의 '오大'를 붙이면 오슈리大修理가 되어 '대수리'를 뜻해요. 오비끼大引는 '끌 인引'의 '히끼引'가 붙어 장선을 받치는 가로대인 '멍에'를 말하죠. '히끼'가 '비끼'로 발음 변형되었어요.

단찌가이 단찌가이段違い는 '조각 단段'과 '다를 위違'로 '단 차이'를 뜻하지요. 단도리段取는 '취할 취取'의 '토리取'를 붙인 것으로 '준비나 마련, 채비, 단속' 등을 뜻해요. 우케토리請け取り는 '청할 청請'의 '우케請'를 붙여 '도맡기'를 말하죠. 시타우케下請け는 '아래 하下'의 '시타下'를 붙여 하도급인 하청下請을 뜻하지요. 우케오이請負는 '짐질 부負'의 '오이負'를 붙여 '도급'을 뜻해요. 기리토리切取는 '끊을 절切'의 '기리切'를 붙여 '자름, 자르기'를 뜻하죠. 마도리間取り는 '사이 간間'의 '마間'를 붙여 '칸살잡기방의 배치'를 뜻하지요.

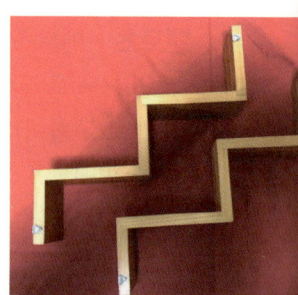

오비낑 오비낑帶筋은 '띠 대帶'의 '오비帶'와 '힘줄 근筋'의 '낑筋'으로 전단 보강을 하는 철근Hoop을 말하죠. 우와낑上筋은 '위 상上'의 '우에上'를 붙여 '상부근'이고 시타낑下筋은 '하부근'이네요. '우에上'는 '우와'로 발음 변형이 되었어요.

선달의 구구단

11드라마	1212사태	13아 놀기 삼아
14후퇴	15운 음식	163병살타
17년산 발렌타인	18기 배우기	19만 참 쉽구만

아재 개그

구미의 과자는?
모래의 위치는?
'모래사장의 마녀'를 영어로 하면?

샌드위치(sand)
샌드위치(witch)
야미아미

사리 한자 '모래 사砂'와 '이로울 리利'가 붙으면 쟈리砂利가 되고 뜻은 '자갈'이죠. '모래 사砂'를 단독으로 읽으면 스나砂예요. '사막'은 사바쿠砂漠라고 하지요.

시마리 시마리締(ま)り는 '맺을 체締'를 써서 느슨하지 않고 야무지다는 뜻이에요. '맥이 없다'는 의미로 '히마리가 없다'고 하죠. 실질적으로 '시마리'가 맞지요.

와꾸 와꾸枠는 테두리나 범위의 제한, 제약, 각틀, 틀을 뜻해요.

야리키리 야리키리遣り切り는 한자 '보낼 견遣'의 '야리遣'와 '끊을 절切'의 '키리切'로 '도급 또는 돈 내기'를 뜻해요.

가다 가타型는 한자 '거푸집 형型'을 써서 '틀'을 뜻하지요. 가타가미型紙는 '종이 지紙'의 '가미紙'를 연결한 것으로 염색이나 재단裁斷을 위하여 본을 뜬 종이를 뜻해요. 가타와쿠型枠는 '틀'을 뜻하는 와쿠枠가 붙어서 '모양틀, 거푸집'인데, 와쿠구미枠組み라고도 하죠. 호리가타堀型는 '굴 굴堀'의 '호리堀'를 붙여 '골 파기, 터 파기, 땅속

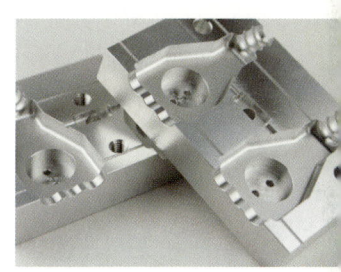

발음 착오

일본어를 우리말 속에서 사용하면서 발음이 조금씩 달라지는 경우가 생겼어요. 특히 'ㅎ'을 'ㅅ'으로 잘못 발음하는 경우가 많았죠. 알아볼까요!

| 시끼 → 히끼 | 시야시 → 히야시 | 시야까시 → 히야까시 |
| 시네루 → 히네루 | 싯가케 → 힛가케 | 시로 ← 히로(반대의 경우) |

계란을 차에 두고 오면?
양계장에 불이 나면?
돈 주고 사서 깨뜨리지 않으면 못 쓰는 것은?

달걀스테이(stay)
계란후라이(火)
계란

틀'을 뜻해요. 호리掘꾼은 일명 도굴盜掘꾼을 뜻하죠. 이가타鑄型는 '쇠 부어 만들 주鑄'의 '이鑄'를 연결한 '거푸집'을 뜻하죠.

가리고야 가리고야仮小屋는 '거짓 가仮'의 '가리仮'와 '작을 소小'의 '고小', '집 옥屋'의 '야屋'가 합쳐져 '가설 건물'을 뜻하는데, 고야小屋는 오두막집, 작고 초라한 집, 임시로 세운 작은 건물, 즉 가옥仮屋을 뜻하죠.

다루끼 다루끼垂木는 '드리울 수垂'의 '다루垂'와 '나무 목木'의 '기木'로 구성되어 '서까래'나 6자짜리 각목인 '소각재'를 지칭하죠. 수렴垂簾은 '드리울 수垂'의 '스이垂'와 '발 렴簾'의 '렌簾'을 합쳐 스이렌垂簾이라고 하는데, '수렴청정, 발을 드리움'을 뜻해요.

식쿠이 싯쿠이漆喰=食는 '옻 칠漆'의 '싯漆'과 '밥 식喰=食'의 '쿠이喰=食'로 구성되어, 천장이나 벽 따위에 바르는 '회반죽'을 뜻하죠. 우루시올urushiol은 원래 '옻 칠漆'의 '우루시漆'와 '가루 분粉'으로 표기되기도 하지만, 일본어로는 ウルシオール라고 표기해요. 옻나무의 껍질에서 나는 '옻의 주성분'을 뜻해요.

Tip & Talk — 단어가 잘 생각나지 않을 때 하는 실수

회갑잔치 - 육갑잔치 잘 치루셨어요?
아메리카노 - 아프리카노 한 잔요.
달팽이관 - 나팔관 이상 있어요.
이바지 - 씨받이 음식 주문하려는데요.
콘 프레이크 - 포크레인 먹어라.
식물인간 - 야채인간이 되셨군요.

아기돼지 삼형제 - 돼지고기 삼형제 주세요.
설레임 - 망설임 주세요.
재발급 - 통장 재개발 해 주세요.
한 살 차이 - 부부가 연년생이세요.
소보루 - 아저씨! 곰보빵 주세요.
핸드폰 없어졌다 좀 이따가 통화하자.

 아재 개그

애들은 오라는 도시는?
애들이 타는 비행기표는?
'어른 알겠다'의 반대말은?

(답)아이오라(주)
애크린파크(애)
애라 모르겠다

오사마리　오사마리收,納는 한자 '들일 납納'을 써서 '매듭, 결말, 마무리'를 뜻해요. '마무리'를 '조각 편片'의 '가타片'와 '줄 부付'의 '즈케付'를 연결한 가타즈케片付け라고도 사용했죠.

시아게　시아게仕上げ는 한자 '벼슬 사仕'의 '시仕'와 '위 상上'의 '아게上げ'를 연결한 말로 '마감'이라는 뜻이죠.

나나메　나나메斜め는 한자 '비낄 사斜'를 써서 '경사, 대각선'을 뜻해요.

뽀롱나다　보로襤褸는 허술한 곳, 결점, 걸레, 누더기, 낡은 것, 넝마 등을 나타내는데, '뽀롱나다'는 '보로오다스襤褸を出す'에서 온 말로 '결점을 드러내다'란 뜻이죠. 고부다시瘤出し는 '혹 류瘤'의 '고부瘤'와 '날 출出'의 '다시出'가 합쳐진 말로 '혹두기(돌)'을 뜻해요. 아라이다시洗い出し는 '씻을 세洗'의 '아라이洗'와 '날 출出'의 '다시出'로 구성되어 '씻어 내기(인조석)'를 뜻해요.

아까렝가　아까렝가赤煉瓦는 '붉을 적赤'의 아까赤에 '벽돌'을 뜻하는 렌가煉瓦가 붙은 말로, '붉은 벽돌'을 뜻하죠. 아까방赤番은 한자 '차례 번番'이 붙어 '붉은 번호'을 뜻하고, 아까보赤帽는 한자 '모자 모帽'가 붙어 '짐꾼'을 뜻해요. 예전 철도 등에서 손님의 짐을 들어 주는 일을 하던 사람들이 머리에 붉은 색 모자를 썼던 것에서 아까보赤帽가 짐꾼을 뜻하게 유래되었다네요.

다데구　다데구建て具는 '세울 건建'의 '다테建'와 '갖출 구具'의 '구具'로 '창호'를 뜻하죠. 구具는 '도구, 이용물, 수단' 또는 '건더기나 속實'을 이르기도 해요. 에노구絵の具는 '그림물감'이랍니다.

모치도구 모치도구持ち道具는 '가질 지持'의 '모치持'에 우리와 발음이 같은 도구道具가 붙은 말로, '소도구'를 뜻해요.

고다다끼 고다다끼小叩き는 '작을 소小'의 '고小'와 '두드릴 고叩'의 다다끼叩가 합쳐진 말로, '잔다듬'을 뜻하는데, '작을 소小'를 '쇼小'로 발음해 쇼타다끼小たたき라고도 한답니다. 다다끼叩를 '다대기'로 써 왔으며, 시장에서 박수치며 싸구려 팔기, 투매投売 행위를 한자 '팔 매売'의 '우리売'를 써서 다다끼우리叩き売り라고 하죠.

무라 무라斑는 한자 '아롱질(얼룩) 반斑'을 써서 '얼룩' 또는 '면이 고르지 못함'을 뜻하죠. 골프에서 '우라가 심하다'라고 사용하죠. 고테무라鏝斑는 '흙손, 인두'인 고테鏝를 붙인 말로, '흙손자국'을 말하지요. 무라토리斑取り는 '취할 취取'의 '토리取'를 연결해 '얼룩 빼기'를 뜻하지요.

사시꼬미 사시꼬미差込는 한자 '어긋날 차差'의 '사시差'와 일본에서 만들어진 한자 '꼬미込'로 구성되어 콘센트에 꽂는 '꽂개 집, 플러그'죠. 우리나라 플러그는 220V로 돼지코(ㅇㅇ)처럼 둥글지만 일본은 110V로 11字형이라 변환 어댑터 플러그가 필요하죠. 모찌꼬미持込는 '가질 지持'의 '모찌持'가 연결되어 '갖고 들어옴'을 뜻해요. '반입금지'를 지입금지持込禁止라고 하죠. 금지禁止인 긴시禁止를 넣어 모찌꼬미 긴시持込禁止라고 말하죠.

 아재 개그

공을 늘리면?
별나라 임금은?
안성에서 펼치는 월드스타 싸이의 말춤 공연을?

안성댄스(별) 스타킹(star王) 공룡(늘)

다께와리 다께와리竹割り는 '대 죽竹'의 '다께竹'와 '벨 할割'의 '와리割'로 '대쪽 타일'을 뜻하지요. 다께톰보竹蜻蛉는 '잠자리'인 톰보蜻蛉가 붙어 대나무로 만든 '도르레 장난감'을 뜻하죠.

다치아가리 다치아가리立ち上がり는 '설 립立'의 '다치立'와 '위 상上'의 '아가리上'로 '치켜 올림'을 뜻해요.

데네리 데네리手練り는 '손 수手'의 '데手'와 '불릴 련練'의 '네리煉'로 '손비빔'을 뜻하죠.

Pun & Joke — 상감마마 납시오

<겨울왕국3>이 안 나오는 이유? 이제 안나왕
시험의 왕은? 마킹
가장 잘 숨는 왕은? 클로킹
가장 말을 잘 하는 왕은? 토킹
가장 큰 총은? 왕건
왕이 탈의하면? 버스킹
왕이 가면 바이킹, 왕이 오면? 하이킹
반지의 제왕을 나누면? 제왕절개
3열 종대로 오라는 임금은? 세종대왕
형이 마왕을 무찌르면? 형용사
가장 무거운 왕은? 철종
왕 위에 누우면? 라이온킹
간신이 왕을 팔면? 왕파리(팔이)
두 왕을 섬길 수 없다는? 전하량보존법칙
왕이 놀라면? 쇼킹
손재주가 뛰어난 왕? 메이킹
왕이 주차하면? 파킹
새들이 가장 좋아하는 임금? 세종대왕
세종대왕이 여성에게 더 인기 있는 이유는? 위민(爲民)정책(위민=women)

말다툼이 가장 심한 곳은?
매일 마시는 피는?
말을 타면서 커피를 타는 곳은?

노바시 노바시伸ばし는 한자 '펼 신伸'을 써서 '연장, 늘이기'를 뜻해요. 한자 '늘일(끌) 연延'도 같은 노바시延ばし죠.

하꼬 하꼬箱는 한자 '상자 상箱'을 써서 갑, 곽, 궤짝 등을 뜻해요. '빈 상자'는 '빌 공空'의 '가라空'를 써서 가라바꼬空箱라고 하죠. 하꼬방箱房은 한자 '방 방房'이 붙어 '판잣집'을 뜻하고, 하코가타箱型는 한자 '거푸집 형型'이 붙어 '상자형型'을 뜻해요. 골판지를 뜻하는 영어 보드board가 쓰여 단보루바코段ボール箱라고 하면 '골판지 상자'를 뜻하죠. '오바코大箱'는 '큰 대大'의 '오大'가 붙은 말로 '큰 상자'를 뜻해요.

가나가타 '가나가타金型'는 '쇠 금金'의 '가나金'와 '거푸집 형型'의 '가타型'로 구성돼 '쇠붙이로 만든 거푸집, 틀'이죠. '흙손, 인두'인 고테鏝가 붙은 가나고테金鏝는 '쇠 흙손'이란 뜻이에요. 가나모노金物는 한자 '만물 물物'의 '모노物'가 붙은 것으로 '철물, 창호'를 뜻하죠. 가네키리金切り는 '끊을 절切'의 '키리切'가 쓰여 '쇠톱'을 뜻해요. 시메가네締め金는 '맺을 체締'의 '시메締'가 붙어 '죔쇠'를 뜻하죠.

재미나는 아이디

로진스키스진로	물밑자급자족	미소라비바리
세번일내번즈	소쿠리테스	스타박씨커피
아이러니칼칼	에소피드	오비이락식혜
차에코푼스키	태지나칭칭나네	할리데이비서

아재 개그

발을 잘 쓰는 제비는?
손을 잘 쓰는 제비는?
잘 부러지는 창은 와장창, 창을 만지작 만지막 하면?

숫제비(手)
족제비(足)
상큼창(촉촉)

가네자시 가네자시矩差는 '모날(곱자) 구矩'의 사시가네さしがね의 일부와 '어긋날 차差'의 사시差로 구성된 말로 '곱자'죠. 한자 '굽을 곡曲'를 써서 가네자시曲尺로도 표기해요. 오가네大矩는 '큰 대大'의 '오大'가 붙어 '큰 직각자'를 뜻하죠.

게하라이 게하라이毛払い는 '털 모毛'의 '게毛'와 '떨칠 불払'의 '하라이払'로 구성된 '털이 솔'을 뜻하죠.

니빠 니빠ニッパー는 니퍼nipper로 '족집게'를 뜻하죠. 골프에서는 '니어'를 하고 '파par'를 하면 '니빠'라고 해요.

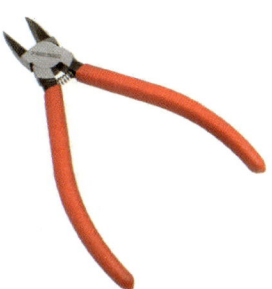

🐦 알까기 레알 사전 NG니어

어려운 파(Par)를 잡아 니어리스트를 차지하는 골퍼를 롯데그룹에서는 '**파이오니어**'라고 하지요.
쉬운 파를 놓쳐 니어리스트마저 못 먹는 골퍼를 '정비공'인 '**NG니어**'라고 합니다.
세상사 '정비공'이 없다고 합니다. **정**답이 없고 **비**밀이 없고 **공**짜가 없다

D가 나무를 캐면?
108보다 큰 동물은?
105동 위에 식물이 자라면?

나무캐디(木캐D)
백구동물(109=백구)
백상동식물(105)

군바리

여자들은 제일 듣기 싫어한다지만, 예비군 병장이라면 자다가도 읊어대는 군대 이야기. 역시나 군대에서 썼던 말에도 일본어는 섞여 있어요. 고된 추억만큼이나 깊게 각인된 그때 그 시절의 이야기에 감춰진 말들 속에서 일본어를 끄집어내어 속사정을 알아볼까요?

마이가리 한자 '앞 전前'의 '마에前'와 '빌릴 차借'의 '가리借'로 합쳐진 마에가리前借는 '가불'이라는 뜻이에요. '마에'가 '마이'로 잘못 발음되었죠. 군대에서 휴가 때 일병이 상병 마크를 달고 나오는 것도 '마이가리'라 했죠. 지마에自前는 '스스로 자自'를 써서 '자기 것'을 뜻하죠. 한자 '향할 향向'을 사용한 마에무끼前向き는 앞을 향한다는 뜻에서 '사고방식이 발전적이고 적극적임'을 말하죠.

가미가제 가미가제神風는 '귀신 신神'의 '가미神'와 '바람 풍風'의 '가제風'로, '신의 위력으로 일어난다는 바람'이죠. 특히 1274~1281년에 원나라가 일본을 침공했을 때, 원나라 배를 전복시킨 폭풍우를 일컫는 말이에요. 속어로 '결사적으로 행동함'을 나타내죠. 우리는 '고객은 왕이다'라고 하는데, 일본은 '고객은 가미사마神様다'라고 하여 한 차원 더 높아요. 즉 가미사마神様란 신神이란 뜻이죠.

Tip & Talk 서글픈 부부

주말부부는 3대가 덕을 쌓아야 기회가 주어지고, 월말부부는 양가 3대가 덕을 쌓아야 가능하대요.
수시로 드나들자 독수리아빠 vs 연중행사 기러기아빠 vs 가고파라 펭귄아빠

 아재 개그

급하게 가는 교회는?
평일에 교회 안 가는 이유는?
성당에서 보는 일은?

미사일
호랑말코(호날두 크리스티아누)
응급차처(church)

도꼬다이 도꼬타이特攻隊는 '특별할 특特', '공 공功', '떼 대隊'로, 합치면 '특공대'란 뜻이죠. 2차 대전 말기에 비행기 등으로 죽음도 불사한 육탄공격을 한 일본군 부대를 말하죠. '도쿄 공대'와 '독대獨對'도 '도꼬다이'라고 하지요. 재미있는 해석도 있더군요. 독고다이獨固多異, 즉 혼자만을 고집하고 많은 무리는 싫다, 자기 뜻과는 다르다. 독고다이獨固Die, 獨GoDie, 즉 죽을 때까지 혼자만을 고집한다. 어떤 정치인이 '도꼬다이로 살아왔다'고 하는 말은 '남자답게'로 '오토꼬男로 살아왔다'의 잘못된 응용이 아닐까요?

테이레 테이레手入는 '손 수手'의 '테手'와 '들 입入'의 '이레入'로, '손을 넣다', 즉 '손질(하다)'란 뜻이에요. '총기 수입手入'도 여기에서 나온 말이죠.

나라시 나라시均는 한자 '고를 균均'을 쓰죠. 그래서 천을 재단하기 위하여 여러 겹의 천을 펼쳐 놓는 일이나 평탄화하는 일, 고르기 또는 함정 내부의 물청소를 뜻해요.

건배사 미사일, 박격포, 오뚜기

미치도록 **사**랑하고 **일**편단심 당신만을!
미래를 위하여 **사**랑을 위하여 **일**을 위하여 – **박**수치고 **격**려하고 **포**용하자
*허깅하자는 의미의 '포옹하자'가 미투 덕분에 '포용하자'로 바뀌었다죠.
  미투(me too)와 같은 말은? another(어 나도?)
오래오래 **뚜**벅뚜벅 **기**쁨기쁨

4가 커지면?
책 찢는 소리는?
사서 고생하려는 직업은?

모도시 모도시戻しは 되돌린다는 뜻의 '반려反戾'에서 한자 '어그러질 려戾'를 쓰는 단어로, 운전병의 '핸들 원위치'죠. 우메모도시埋め戻し는 '묻을 매埋'의 '우메埋'를 붙인 말로 '되메우기'를 뜻해요.

시마이 시마이仕舞, 終는 한자 '벼슬할 사仕'와 '춤출 무舞'로 '끝, 마무리'를 뜻해요. '작업 시마이仕舞 하자'고 했지요.

기리카이 한자 '자를 절切'의 '기리切'와 '바꿀 체替'의 '카에替'를 합친 기리가에切替는 '전환'이나 '패 갈이'를 뜻하는데, '카에'를 '까이'로 잘못 발음해 사용하고 있죠. 병사에서 부사관으로 신분 전환을 할 때 사용하지요. '전철 갈아타기'는 한자 '탈 승乘'을 써서 노리카에乘換라고 해요.

나래비 나라비並び는 한자 '나란할 병並'의 '나라비並'를 써서 '늘어선 모양'인데, '줄 세우기'를 뜻해요. '라'를 '래'로 잘못 사용한 예가 많네요. 오라비 → 오래비, 홀아비 → 홀애비.

다바꼬 다바꼬tabaco는 포르투갈어 타바코tabaco로 '담배'죠. '한 갑'은 히토하코一箱, '한 개비'는 잇뽕一本이죠.

충성!

사단장님은 모래알로 쌀을 만드시고
여단장님은 솔방울로 수류탄을 만드시고
지단장님은 가랑잎으로 돛단배를 만드시는데
쫄따구인 저는 맥주로 카푸치노를 만듭니다. 추웅성!

 아재 개그

사기를 진작시키는 그릇은?
만두의 나이는?
만두가 군대에 가면 군만두(軍), 군만두가 전역하면?

사기그릇
군필만두(滅 필)
아재만두

가라싸인 '가라싸인'은 '빌 공空'의 가라空와 싸인sign이 합쳐진 말로, 외출할 때 사용했지요.

가사 가사傘는 한자 '우산 산傘'이죠. '삿갓'은 '삿갓 립笠'의 가사笠이고, 밥공기 뚜껑도 가사笠라고 하죠. 히가사日傘는 '날 일日'의 '히日'를 붙은 말로 양산陽傘이고, 아마가사雨傘는 '비 우雨'의 '아메雨'의 발음 변형 '아마'를 붙인 말로, '우산'이죠.

호로 호로幌는 한자 '휘장 황幌'을 써서 트럭 적재함 등의 '덮개, 포장'을 뜻해요. 일본 북쪽 홋카이도北海道에 있는 삿뽀로札幌에도 같은 한자가 있네요.

갑빠 갑빠合羽는 '합할 합合'과 '깃 우羽'를 쓰는데요. 포르투갈어 카파 Capa에서 온 말로 '망토형 비옷이나 천막, 덮개'를 뜻하죠. 헬스장의 왕王이라 불리는 가슴 근육도 '갑빠'인데 여기에서 나온 말이겠지요.

재미나는 아이디

번지점프의제왕	빛과송금	벼락식혜
벼랑위의당뇨	보글복을	부모에게효도르
불난집에부패질	블라디보톡스	브룩실패
빛과속음	빨간머리에게사과	빨간장갑의맛술사

그늘이 행복한 이유는?
군인이 좋아하는 역은 전역, 군인들이 좋아하는 시간은?
골프장에서 평판(?)이 안 좋은 골퍼는?

우피해서(陰鬱)
전역(=退役)
캐디들 욕 먹어는 플퍼

방카 '방카'는 벙커bunker로 '진지'를 뜻하고, '빠따'는 배터batter로 '방망이'를 뜻하죠. 당까担架는 '멜 담担'과 '시렁 가架'를 써서 환자 등을 실어 나를 때 쓰는 '들것'이에요.

찜빠 찜빠跛는 한자 '절뚝발이 파跛'를 써서 '절름발이, 짝짝이'라는 뜻인데, 차별용어라 가려서 써야죠. 업무 능력이 부족한 후임을 질책하는 말로 자주 썼던 '진따', '진따 붙는다'가 여기에서 따온 말인데, '찌질이'도 '왕따'도 아닌 일본어랍니다. 화물 싣는 '짐자전거'를 '짐빠'라고 했죠. 메꾸라盲는 한자 '소경 맹盲'을 쓰는데 '장님'을 뜻해요. 차별용어이니 조심해서 써야겠지요.

모구리 모구리潛리는 한자 '잠길 잠潛'을 써서 '잠수潛水'나 '자맥질'을 뜻하는데, 우리는 바다에서 불법으로 어획물을 채취하는 것에 사용했죠.

 43룰

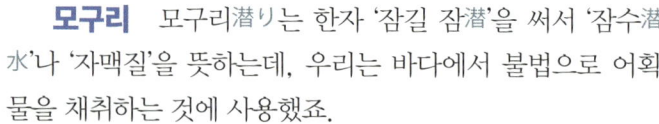

PGA 골프 43룰을 아시나요?
1. 퍼트가 전체 스코어의 43%이다.
2. 볼이 홀을 43cm 이상 지나가게 쳐야 한다. 과유불급이 통하지 않는 유일한 곳!
3. 43인치가 일반적인 드라이버의 샷이 페어웨이에 43% 이상 안착해야 한다.
4. 골퍼들의 43%는 룰을 어기면 아무리 잘쳐도 실력으로 인정하지 않는다고 한다.
5. 프로골퍼는 Par5에서 승부를 거는데 오직 43(버디4, 이글3)만 생각한다지요.
고수는 전후반 34타를 목표(68타)로 하지만 하수는 전후반 43타를 목표(86타)로 한다.
그리고, 빼갈이나 백주는 43도 짜리를 마셔야 한다.
PGA는 평일 골프 치는 아저씨를 말합니다.

 아재 개그

백인이 싫어하는 것은?
1대 100이 인종차별인 이유는?
위문품 김밥 100인분이 인종차별인 이유는?

흑인백반

100인이 흑인이라서

백인백반

고시오비 고시오비腰帯는 '허리 요腰'의 '고시腰'와 '띠 대帯'의 '오비帯'로 '허리띠'예요. 우리는 요대腰帯라고 불렀죠.

기아이 기아이気合는 '기운 기気'의 '기'와 '합할 합合'의 '아이合'로, '기합받다'라는 형태로 쓰인 '얼차려'죠. 합기도合気道는 아이기도合気道라고 해요. 쓰키아이付き合い는 '줄 부付'의 '쓰키付'가 '아이合'에 붙어 '교제'를 뜻하죠. 기쿠바리気配り는 일본인이 좋아하는 배려配慮라는 의미인데, 하이료配慮와도 같은 표현이에요. 고코로즈카이心遣い, 유키타다키雪叩き, 오모이야리思い遣り 등도 비슷한 뜻이 많네요.

하타 하타旗는 한자 '깃발 기旗'를 써서 말 그대로 '깃발'이란 뜻인데, 일본인은 깃발을 중심으로 모이는 하타旗 문화라고 하지요.

 백돌이

100대가 90대로 들어오면 백파(百破), 90대가 100을 넘으면 월백(越百). 계속해서 100대를 유지하면 계백장군이라고 하지요.
백돌이 5대 기준이 있습니다.
1. 백티에서 치기
2. 백 세까지 치기
3. 연간 100회 이상 나가기
4. 하루 백 알 이상 연습하기
5. 백알 즐겨 마시기
백알은 너무 맛있어 정신을 쏙 빼 갈(?) 술이죠.

백병전을 영어로 하면?
맥아더 장군의 안경은?
백설공주가 총을 발사하면?

이지메 이지메苛めは 한자 '매울 가苛'를 써요. 학교나 직장 등에서의 '(집단) 괴롭힘'을 뜻하죠.

찐삐라 찐삐라ちんぴら는 불량 청소년 수준의 '졸개'를 뜻하지요.

곤로 곤로焜炉는 한자 '빛날 곤焜'과 '화로 로炉'를 써서 '화로나 풍로'를 가리키죠. '석유 곤로', '전기 곤로' 식으로 사용했어요.

꾸무리 '꾸무리'는 '흐릴 담曇'의 구모루曇る에서 온 말이에요. 구모루曇る의 반대는 한자 '갤 청晴'을 쓰는 하레루晴れる죠.

Pun & Joke — 충성! 단결!

군인이 돈이 없으면? 무전병
군대가 있는 곳? 군데군데
이순신 장군의 성격은? 명랑
수상함과 잠수함의 통신 내용은? 너 수상함, 나 잠수함
수학 문제 잘못 풀다가 군에 간 이유는? 대입(거꾸로 해서 입대로)
정찰대원을 생선 장수로 한 이유? 적의 동태(?)를 살핀다
누워서 대통령의 절 받는 사람? 전몰장병
피카츄가 화랑담배를 물고 하는 말은? 피까(한 대)
군대에서 배달 주문을 안 받는 음식은? 병역기피자(PIZZA)
여자들이 제일 입고 싶어하는 복은? 군복
나폴레옹이 지도를 보고 싶을 때 하는 말? 나폴레옹(나 볼레용)

아재 개그

지휘관이 무서워하는 사람은?
정전은?
귀고리를 한 군인은?

등앙이
쇼핑기(稍)
귀욤이(army)

다무시 다무시田虫는 '밭 전田'의 '다田'와 '벌레 충虫'의 '무시虫'로 논밭에 서식하는 벌레라는 뜻인데, 논밭에 벌레가 가득차 퍼지는 것처럼 온 몸에 버짐 같은 것이 퍼진다고 해서 '버짐, 백선白癬'을 뜻해요. 쓰쓰가무시つつが虫는 '털진드기'인데 물리면 특유의 토질병이 생기죠. 혼무시本虫는 '근본 본本'의 '혼本'과 '벌레 충虫'의 '무시虫'로 '책벌레' 또는 '낚시용 벌레'를 뜻해요. '모기'는 '모기 문蚊'의 '카蚊'이고, '나방'은 '나방 아蛾'의 '가蛾'예요.

알까기 레알 사전   홍보가 기가 막혀

그늘집 안주가 골프장의 경쟁력으로 대두되었답니다.	
김떡순이 대세네요.	**김**밥, **떡**볶이, **순**대.
동막골도 제안했지요.	**동**태전, **막**걸리, **골**뱅이
족보 있는 집도 나왔어요.	**족**발, **보**쌈
홍보가 기가 막히네요.	**홍**어, **보**쌈

알라딘의 반대말은?
군인들이 싫어하는 피아노는?
현역 군인이 가장 좋아하는 대학은?

우라닫힌
안피아노
제대(재대)후대학

기모노

인간 생활의 기본 3요소 의식주 중 하나인 '의(衣)', 즉 옷. 옷과 관련된 말에도 일본어가 꽤 있었어요. 많은 말들이 우리말로 순화되었지만, 아직도 사용되는 말들이 많아 일본어 학습에 도움이 되는 면도 있네요. 일본어도 익히면서 순화된 우리말도 점검하는 기회가 되었으면 해요.

기모노 기모노着物는 '붙을 착着'의 '기着'와 '만물 물物'의 '모노物'로 일본의 전통 옷을 뜻하죠. 유카타浴衣는 한자 '목욕할 욕浴'과 '옷 의衣'를 써서 목욕을 한 뒤 또는 여름철에 입는 무명 홑옷을 뜻하죠. 몸뻬もんぺ는 여성용 일 바지, 왜 바지죠.

가다마이 가타마에片前는 '조각 편片'의 '가타片'와 '앞 전前'의 '마에前'로 '싱글 재킷'을 뜻하는데, 흔히 '마이'라고 불렀죠. 양복 저고리에서 단추 부분을 한 줄로 여민 부분을 가리키죠. '홀 여밈', '외자락'이라고 하죠. 단추가 두 줄인 '더블 양복'은 료마에兩前인데, '료마이'로 통했죠.

도꾸리 돗쿠리德利는 한자 '큰 덕德'의 '돗쿠德'와 '이로울 리利'의 '리利'를 써서 '자라목 셔츠'를 뜻해요. 자라목처럼 생겨 아가리가 잘쏙한 술병, 조막 병을 돗쿠리德利라고 하지요. '물오징어'인 이까烏賊로 만든 '돗쿠리'를 이카돗쿠리烏賊德利라고 하는데, 술도 마시고 이카도 먹고. 꿩 먹고 알 먹고!

🪭 아재 개그

옷을 가장 잘 해 입는 나라는?
가장 따뜻한 팬티는?
사시사철 입는 옷은?

스웜
따끈파끈스웨터(poiler)
파카

가리누이   가리누이仮縫는 '거짓 가仮'의 '가리仮'와 '꿰맬 봉縫'의 '누이縫'로 구성돼, 피팅Fitting이나 '시침바느질'인 가봉仮縫을 뜻해요. '아래 하下'의 '시타下'를 붙인 시타누이下縫라고도 하죠. '옆구리 협脇'을 붙인 와키누이脇縫는 옆솔기 바느질을 뜻해요.

네지끼   네지끼寝敷き는 '잠잘 침寝'의 '네寝'와 '펼 부敷'의 '시끼敷'로, '바지 주름'을 뜻해요. '시끼'가 '지끼'로 발음 변형되었죠. 잠잘 때 요 밑에 바지를 접어 넣어 온돌의 훈기로 주름을 잡았던 것에서 유래되었다네요. 시끼낑敷金은 '쇠 금金'을 붙인 말로, 깔린 돈, 즉 전세 보증금, 거래 보증금 등을 뜻하죠.

시아게   시아게仕上げ는 한자 '벼슬 사仕'와 '위 상上'을 쓰는데, '끝손질, 마무리'란 뜻이에요.

가타카케   가타카케肩掛け는 '어깨 견肩'의 '가타肩'와 '걸 괘掛'의 '가케掛'로 '어깨 두르개'를 뜻해요. 마에가케前掛는 '앞 전前'의 '마에前'를 붙인 말로 '앞치마'를 뜻하죠.

 건배사   청바지, 쫄바지, 흥청망청

청춘 바로 **지금**
쫄지마 **바**보야 **지**금부터야
흥해도 **청춘** **망**해도 **청춘**

바지가 인사하면?
대낮에 남자 팬티를 마음대로 벗기는 직업은?
팬티도 안 입고 근무하는 사람은?

우하이
권총사
빤쓰레기

117

세라복 세일러 수트sailor suit의 세일러sailor에 '옷 복服'의 '후쿠服'를 붙인 세라후쿠セーラー服는 세일러복, 해군복 및 그와 비슷한 어린이나 여학생용의 옷을 뜻하죠.

소데나시 소데나시袖無し는 '소매 수袖'의 '소데袖'와 '없을 무無'의 '나시無'로 '민소매'를 뜻해요. 한소데半袖는 한자 '반 반半'을 연결한 것으로 '반소매'를 뜻하고, 한즈봉半ズボン은 반바지를 뜻하죠. 나가소데長袖는 '긴 장長'의 '나가長'를 붙여 '긴소매, 긴팔'이네요. 소데하바袖幅는 '폭 폭幅'의 '하바幅'를 붙인 것으로 '소매통, 소매 너비'를, 가타하바肩幅는 '어깨 견肩'의 '가타肩'를 붙인 것으로 '어깨통'이나 '옷의 품'을 뜻해요. 무네하바胸幅는 '가슴 흉胸'의 '무네胸'를 붙여 '가슴 넓이'죠. 세하바背幅는 '등 배背'의 '세背'를 붙여 '뒤품'을 뜻해요.

네마키 네마키寝巻는 '잠잘 침寢'의 '네寢'와 '말 권卷'의 '마키卷'로 '자리옷, 잠옷'을 뜻해요. 하치마키鉢巻는 '바리때 발鉢'의 '하치鉢'가 붙어 머리를 수건 등으로 동여매는 일, 또는 그 머리띠를 뜻하죠.

 건배사 사이다

사랑과 우정 **이** 잔에 담아 **다**같이 원샷
사랑합니다 **이** 생명 **다** 바쳐서
사랑합니다 여보 **이** 생명 **다** 바쳐서 다시 태어나도 당신만을(부부동반 버전)
사랑합니다 여보 **이** 만큼 **다** 뻥이야(김빠진 사이다 버전)

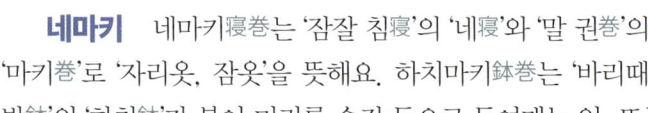 아재 개그

소띠와 호랑이띠가 만나는 아지트는?   소호족
소띠와 개띠의 만남은?   소개팅
개띠와 소띠가 마시는 술은?   개소주

시보리 시보리絞는 한자 '비틀 교絞'를 써서 '쥐어짬, 조리개, 고무뜨기'로 소매나 깃 또는 밑단에 사용되는 신축성 있는 편성물이죠. 오시보리お絞り는 접두사 '오お=御'를 붙여 '물수건'을 뜻해요. 지지미縮み는 한자 '오그라들 축縮'을 써서 '쫄쫄이'를 뜻하죠.

우라 우라裏는 한자 '속 리裏'를 써서 옷의 '안감'을 말합니다. 반대는 오모테表로 한자는 '겉 표表'죠. 우라기리裏切는 '끊을 절切'의 '기리切'를 써서 '배신하다'라는 뜻이에요. 우라가에시裏返し는 '돌이킬 반返'의 '가에시返'을 붙여 '뒤집기, 뒤집어 짓기'를 뜻해요. '속 리裏'라는 한자를 자세히 보면 그 안에 '겉 표表'가 고스란히 들어 있는 것을 확인할 수 있네요. '다행 행幸' 속에 '매울 신辛'이 들어 있듯이. '님 vs 남'과 비슷한 비교네요.

가부리 가부리被り는 한자 '입을 피被'를 써서 '단접기, 끝접기'를 뜻하지요. 가부리被살은 돼지의 '등겹살'이죠.

 알까기 레알 사전 저팔개띠

개띠와 같이 다닌 빠른 돼지띠를 **저팔개띠**라 하고
돼지띠와 같이 다닌 빠른 쥐띠를 **도야쥐띠**라 합니다.
쥐띠와 같이 다닌 빠른 소띠를 **송아쥐띠**라 하는데
선달이는 무슨 띠일까요? **농띠(농땡이?)**랍니다.

용띠와 뱀띠가 만나는 아지트는?   뱀(꿈뱀)사간
토끼띠와 다닌 빠른 용띠는?   듕용띠
말띠와 다닌 빠른 양띠는?   양울띠

세비로 세비로背広는 '등 배背'의 '세背'와 '넓을 광広'의 '히로広'가 합쳐진 말로 저고리, 바지, 조끼로 구성된 신사복 정장 상하의를 뜻해요. 조끼를 생략하면 수트suit라고 하죠. '히로'가 '비로'로 발음 변형되었어요. '등이 넓다'는 말에서 비롯되었다고도 하고 시빌 크로쓰civil clothes의 음역音譯이라고도 하는 등 정확한 이 말의 어원은 아직도 연구 중이라네요.

기지 기지生地는 한자 '날 생生'과 '땅 지地'를 쓰는데, 천 또는 천으로 만든 양복 옷감을 뜻하죠. 기지生地 바지, 기지生地 옷 등으로 많이 사용했죠.

Tip & Talk — 의류와 관련된 표현

입다, 신다, 매다, 쓰다 등 몸에 착용하는 표현은 다양합니다.
일본어에서 몸에 착용하는 방식에 따른 한자의 구분을 살펴볼까요.
붙을 착(着) - 기루(着) - 조끼 등 상의를 입다
밟을 리(履) - 하쿠(履) - 하의(바지, 팬티)를 입다 / 신발, 양말을 신다
맺을 체(締) - 시메루(締) - 넥타이 등을 매다
입을 피(被) - 가부루(被) - 모자 등을 쓰다

 아재 개그

편히 침 흘릴 수 있는 곳은?
간을 깔고 자면?
침대를 밀고 돌리면?

*침대(웅)
*간이침대(배)
*돌림바드(bed)

소라색 소라空색色은 한자 '빌 공空'의 '소라空'가 '하늘'을 뜻하기 때문에 '파란색'이죠. 아오조라青空는 '푸를 청青'의 '아오青'를 붙여 '푸른 하늘'을 뜻해요. 소라백空バック은 '하늘 배경'이란 뜻인데, 여기서 백バック은 영어 back, 즉 '배경'을 뜻하죠. 일본에서는 '검은빛을 띤 푸른색'을 '검을 흑黑'의 구로黑를 써서 구로곤이로 黒紺色라고 하지요. 곤이로紺色는 '감색 감紺'과 '빛 색色'을 써서 검남색, 감청색, 진남색을 뜻해요.

뗑뗑이가라 뗀뗀가라点点柄는 '점 점点'의 '뗀点'과 '자루 병柄'의 '가라柄'로 '점박이(물방울) 무늬'를 뜻해요. 가라柄는 패턴Pattern이나 아름다운 무늬를 가리킬 때 사용하죠. 고방가라碁盤柄는 '바둑 기碁'의 '고碁'와 '소반 반盤'의 '반盤'으로 '바둑판 무늬'죠. 고방시마碁盤縞라고도 하죠. 시마縞는 한자 '줄무늬stripe 호縞'를 써요. 요꼬시마橫縞는 '가로 횡橫'을 써서 '가로로 된 줄무늬'를 뜻하죠. 히마로 썼죠.

에리 에리襟는 한자 '옷깃 금襟'을 쓰는 '칼라collar'를 뜻하죠. 에리마끼襟巻き는 '말 권巻'의 '마끼巻'로 '옷깃을 감싸는 목도리', 즉 머플러Muffler인 마후라マフラー라고 하지요. 쓰메에리詰襟 한자 '물을 힐詰'을 써서 '양복 깃달이'를 뜻하죠. 통조림을 뜻하는 간즈메缶詰도 같은 한자지요. 에리나시襟無는 '없을 무無'의 '나시無'를 붙여 칼라가 없다는 뜻인 '민깃'이죠.

임산부용 침대는?
이력서 쓸 때마다 기재하는 회사는?
나이키 제품을 사는 손님에게 물어 보면 안 되는 것은?

후꾸로

후꾸로袋는 한자 '부대(자루) 대袋'를 쓰는 호주머니pocket를 뜻하는데, 접두어 '오お·御'를 붙인 오후쿠로御袋는 '어머니'랍니다. 데부꾸로手袋는 '손 수手'의 '데手'를 붙여 '장갑'을 뜻하고, 도쿄東京의 4대 교통 요충지 중 한 곳인 이케부쿠로池袋라는 지역 이름에도 같은 한자가 쓰이죠. 다비足袋는 '일본식 버선'을 뜻하는데, 한자 '발 족足'  과 '부대 대袋'로 구성되어 특수하게 발음되는데, '양말'의 사투리처럼 사용했죠. '양말'은 구쯔시타靴下로 한자 '가죽신 화靴'와 '아래 하下'가 쓰이죠.

헤라

헤라篦는 한자 '빛치개 비篦'를 써서 직물을 표시할 때 쓰는 도구인 '주걱, 뼈인두'를 뜻하죠. 한자보다는 히라가나를 써서 헤라へら로 표기돼요. 구쯔베라靴べら는 '구둣주걱'이고, '긴 장長'의 '나가長'를 붙인 나가구쯔長靴는 '장화'로, 부츠ブーツ라고도 하죠.

우와기

우와기上着는 '위 상上'의 '우에上'와 '붙을 착着'의 '기着'가 합쳐진 말로 '윗도리, 양복 저고리 상의'를 뜻해요. '우에'가 '우와'로 발음 변형되었어요. 건설 현장에서는 '상부근'을 우와낑上筋이라 하고, '하부근'을 시타낑下筋이라고 한답니다. 시타기下着는 '아래 하下'의 '시타下'가 붙어 '속옷, 내의'를 뜻하죠. '우와끼'로 잘못 읽으면 '바람기'가 되지요. 마치 강꼬꾸韓国를 강고꾸監獄로 하면 '한국'이 '감옥監獄'이 되듯이. '강고꾸監獄까라 기마시다来ました'라고 하면 깜짝 놀라겠죠. '지옥'은 지고쿠地獄랍니다.

 아재 개그

노란 물고기의 배를 갈랐더니 검은 피가 나오면?
아내가 피가 나면?
기구가 다치면?

음아이유(옐피)
피가내(畢)
기구니다친규(규)

후야스 후야스增やす는 한자 '더할 증增'을 써서 편물에서 코수를 늘려가는 '늘임코'를 뜻해요. 헤라스減らす는 '덜 감減'을 써서 코수를 줄여가는 '줄임코'를 뜻해요.

도리우치 우리가 쓰는 '도리우치'는 도리우치보시 鳥打帽子의 준말로 사냥모자, 헌팅 캡을 뜻하지요. 한자는 '새 조鳥'의 '도리鳥'와 '칠 타打'의 '우치打'에 모자帽子를 뜻하는 보시帽子가 붙은 모양이네요.

구가다 한자 '예 구旧'와 '거푸집 형型'의 '가타型'로 구성된 '규가타旧型'는 '구형, 낡은 모양'을 뜻하죠. '예 구旧'의 일본식 발음은 '규'인데, 우리는 '구가다'처럼 '구'로 발음했어요. 신형新型은 신가타新型.

Pun & Joke 거만과 방만

거만하게 쳐서도 안 되고 방만하게 쳐서도 안 되는 것이 **골프**지요.
거리만 좋으면 '**거만**'하게 친다고 하고, 방향만 좋으면 '**방만**'하게 친다고 하지요.
용품 이름대로라면 거만하지도 방만하지도 않겠네요.
비스타(VISTA)는 **비거리, 스핀, 타구**감이 좋다는 말이며,
포피스(4Piece)는 평화를 위하여(For Peace),
마에스트로는 **마의 스토로크**를 의미하겠지요.
그럼, 파이즈(pyz)는 **Par is Great**, 비스무스는 **Be smooth**이겠네요.

머리 작은 사람이 공감을 잘 하는 이유는?
작아도 큰 나무는?
길고도 짧은 단어는 생략이고, 가장 큰 작은 문은?

가께표 가께표掛標는 한자 '걸 괘掛'의 '가께掛'를 써서 가위표나 엑스(×)표를 뜻해요.

레자 레자レザー는 영어 레더leather로 인조가죽이에요. 레자레저ャー는 레져 leisure인 '여가활동, 레저'와는 다르죠.

게다 게다下駄는 한자 '아래 하下'와 '짐 실을 타駄'를 써서 '왜나막신'을 뜻해요. 도쿄東京대학교 응원단은 유일하게 게다下駄를 신는 특징이 있지요. 화투 패 비광 속의 인물이 신고 있는 것은 우리나라 화투는 '고무신'이고, 일본 화투는 게다下駄를 신고 있죠.

쓰레빠 이 말은 영어 슬리퍼slipper의 일본식 발음 스릿파スリッパー에서 변형된 것이죠. 조리草履는 한자 '풀 초草'와 '신 리履'를 써서 샌들サンダル을 뜻해요.

항카치 항카치ハンカチ는 영어 handkerchief의 일본식 발음으로 '손수건'을 뜻하죠.

Tip & Talk — 남대문

'남대문'을 영어로 '**지퍼**(남대문이 열렸네?)'라고 하지요.
일본에서도 '창문 창(窓)'의 '마도(窓)'로 **샤카이노마도**(社会の窓)라고 하는데, 바지 앞 단추의 완곡한 말씨지요.

아재 개그

네일 아티스트가 위독하면?
손톱이 썸타면?
아티스트의 자기소개?

손발이매니큐어다
매니큐어
매니큐어(많이 큰 아이)

요비링   요비링呼び鈴은 '부를 호呼'의 '요비呼'와 '방울 령鈴'의 '링鈴'으로 초인종bell을 뜻해요.

자꾸   이 말은 영어 처크chuck의 일본식 발음 착쿠チャック에서 온 것으로 지퍼zipper를 뜻하죠.

가리아게   가리아게刈り上げ는 '벨 예刈'의 '가리刈'와 '위 상上'의 '아게上'로 '뒷머리를 쳐 올리는 것'이에요. 아오타가리青田刈り의 아오타青田는 '푸를 청青'의 '아오青'와 '밭 전田'의 '타田'로 아직 벼가 익지 않은 논이며, 가리刈り는 한자 '벨 예刈'를 써서 '베다'라는 뜻이죠. '살 매買'의 '가이買'를 넣은 아오타가이青田買い는 졸업 전의 학생과 입사 계약을 맺는 일을 가리켜요.

니부가리   니부가리二分刈り의 니부二分는 원래 니분二分의 변형된 발음으로 '두 푼(20%) 깎기'를 뜻하는 말로, 서푼三分인 삼부三分의 삼부가리三分刈り, 스포츠가리スポーツ刈り와 같이 이발의 종류죠. 고시엔甲子園에 출전하는 선수들은 모두 삼부가리三分刈り를 하고 나간답니다.

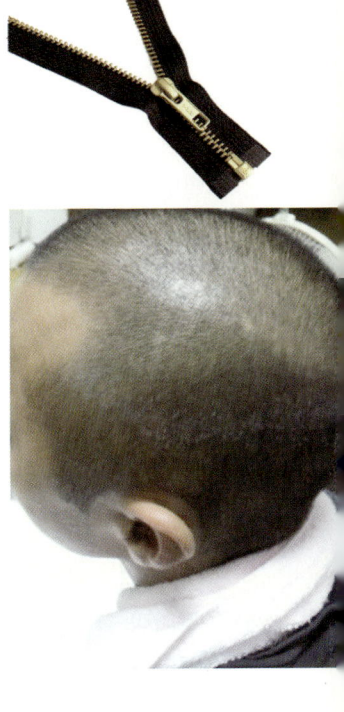

Pun & Joke   명퇴 시리즈

밝은 대낮에 쫓겨나면? 명태
퇴직금도 없이 생으로 쫓겨나면? 생태
입사하자마자 쫓겨 나면? 알탕

추운 겨울에 쫓겨나면? 동태
잘못도 없이 황당하게 쫓겨나면? 황태
여러 사람이 엮여서 쫓겨나면? 굴비

피카소가 뽀뽀하면?
아빠 슬리퍼를?
잠만 자는 사람은?

피카추(chu)
슬리퍼(X)
슬리퍼(Slipper=Sleeper)

하사미 하사미鋏는 한자 '가위(집개) 협鋏'을 써서 이발 가위를 뜻하지요.

카미소리 카미소리剃刀는 '머리깎을 체剃'의 '소리剃'와 '칼 도刀'의 '가타나刀'이지만, 특이하게 카미소리剃刀라는 특수 발음으로 읽어서 '면도칼'이나 '면도기'를 뜻해요. '머리가 예리한 사람'이란 뜻으로도 쓰이죠. 바둑의 사카타坂田 9단의 별명이 카미소리剃刀죠. 카미소리剃刀의 의미로 볼 때 '터럭 발髮'의 '카미髮'와 '머리깎을 체剃'의 '소리剃'를 합친 형태가 더 어울리네요. 우부게産毛는 애기 피부 같은 '솜털'을 말하는데, 피부는 '살갗 부膚'의 '하다膚'이며, '닭살'은 도리하다鳥肌라고 하죠.

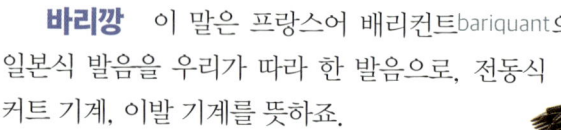

바리깡 이 말은 프랑스어 배리컨트bariquant의 일본식 발음을 우리가 따라 한 발음으로, 전동식 커트 기계, 이발 기계를 뜻하죠.

아까스리 아까스리垢擦り는 '때 구垢'의 '아까垢'와 '비빌 찰擦'의 '스리擦'로 '때밀기' 또는 목욕할 때 '때미는 헝겊'이죠. '손때'를 '손 수手'의 '데手'를 붙여 데아까手垢라고 하지요.

고데 고테鏝는 지짐머리인데, 원래 인두hair ilon로 다림질이나 머리 손질, 흙손, 땜질 따위에 쓰는 인두의 총칭이죠. '고테'가 '고데'로 발음 변형되었어요.

 아재 개그

빛을 보면 눈이 따가운 이유는?
가장 얇은 바위는?
갈수록 환해지는 머리는?

가시광선이사
바위하다(rock)
후미러리

하리핀 하리핀針ピン은 '바늘 침針'의 '하리針'와 영어 '핀pin'으로 구성되어 '바늘못'이죠. 한방의 '침 침鍼'도 하리鍼이죠. '핀셋'은 불어 pincette에서 온 말로 ピンセット로 표기하지요.

마유즈미 마유즈미眉墨는 '눈썹 미眉'의 '마유眉'와 '먹 묵墨'의 '스미墨'로 '눈썹 그리개'를 뜻하죠. '문신'은 '들 입入'의 '이레入'를 붙여 이레즈미入墨라고 하지요.

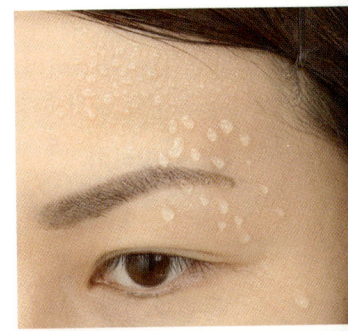

사분 이 말은 포르투갈어 sabao의 일본식 발음인 샤본シャボン을 우리가 따라 한 것으로 비누를 뜻해요. 다른 말로는 셋껭せっけん도 있지요. 샤본다마シャボン玉는 '구슬 옥玉'의 '다마玉'를 붙인 것으로 '비눗방울'이고, 미즈타마水玉는 물방울이지요. 나가부치 쓰요시長渕 剛의 노래 샤본다마シャボン玉도 유명해요.

재미나는 아이디

빨리오삼불고기	빨주녹초파남보	사기는아무나치나
사담후시딘	사랑나무대추걸렸네	사랑은아무나하나은행
사랑행복그리고이별주	살신성인군자교	살흰애추억
생갈치1호의행방불명	석호필드	선녀와남았군

하루에 면도를 수없이 하는 사람은?   이발사
손님이 깎아 달라는 대로 다 깎아 주는 사람은?   아발사
'페어웨이'를 다른 말로 하면?   사이좋길

우가이 우가이嗽는 한자 '기침할 수嗽'를 써서 '목 부심, 목 가심'인 가글gargle을 뜻하지요. 우가이미즈嗽水는 '물 수水'의 '미즈水'를 붙여 '양칫물'이에요. '칫솔'은 '이 치齒'의 '하齒'와 영어 브러시brush를 합친 하브라시齒ブラシ이고, 양치질, 칫솔, 치약을 총칭하여 '갈 마磨'의 미가키磨를 붙여 하미가키齒磨라고 하죠. '어금니'를 '아래목 오奧'의 '오쿠奧'를 써서 오쿠바奧齒라고 하지요. 이 때는 '이 치齒'의 '하齒'가 '바'로 발음 변형되었어요.

동동구리무 동동구리무는 러시안 행상이 크림クリーム=cream을 팔 때 북을 두 번(동동) 친 후 '크림(구리무)'를 외쳤다고 해서 붙여진 이름이라네요.

싯뿌 싯뿌湿布는 한자 '젖을 습湿'과 '베 포布'를 써서 파스, 찜질하는 천을 뜻해요.

싱 싱芯은 한자 '등심초 심芯'을 써서 '심지, 속'을 뜻하죠.

가부라 가부리被는 한자 '입을 피被'를 써서 덮어 쓰는 것, 뒤집어 쓰는 일을 말하는데, '끝단 처리법'인 '양복 또는 정장 소매 끝이나 바지 밑단을 바깥으로 접어서 처리하는 것'을 가리키죠.

Tip & Talk — 신종 피서지

하와이(부곡)	칭따오(청도)	마쓰시마(송도)
광쩌우(광주)	방콕(방 콕)	네팔(내 팔베고)
괌(대구시 북구 구암동)	방글라데시(방굴러 대쉬)	중동(부천)
사이판(건물 사이에 판대기)	동남아(동네에 남아 있는 아이들)	동경(동네 경로당)

따뜻한 아이스크림은?
따뜻하게 감싸주면 안 되는 사람은?
가장 따뜻한 말은?

운반사(pod)
곤사람
수고앙수고앙(수고)

잘못된 만남

고인인증서 → 공인
남자 100g 500원 → 감자
백뱅 → 빅뱅
인간증명서 2통 → 인감
양년치킨 → 양념
사탕 하나에 300억 → 300원
부동산 폭격기 → 무등산
애로박 된장국 → 애호박
육상 남자 높이뀌기 → 높이뛰기
키스위치 확인 → 키 스위치
서울 시어머니 합창단 → 서울시 어머니
우승 지원금 200원 → 200만 원
곧 출발하겠다 → 하겠(습니)다(불이 꺼짐)
유○○ 4살 여친과 교제 중 → 4살 연상 여친
번호표 뽑고 기대하세요 → 대기
오직 누님만 따라가리 → 주님만
발정 나신 분들 명단 → 발령
속도제한 20km/s → 20km/h
웃어른 공격하기 → 공경하기
나는 야한 여자가 좋아요 → 나는야 한 여자가
완전 사고 차량 → 무사고(중고차)
신용즉시 불량개통 → 신용불량 즉시개통(휴대폰 매장)
이제 다 낳으셨어요? → 나으셨어요?
누나가 자꾸 만져요 → 자꾸만 져요
무소식이 상팔자이지요 → 무소식이 희소식이지요.

대만민국 → 대한민국
열무 장국 → 된장국
항문 열어라 → 창문
정의 상실 → 정 의상실
장터진 국밥 → 장터 진국밥
백기침 → 백김치
비빌번호 → 비밀번호
여장화장실 → 여자
임신공격 → 인신공격
천고마미의 계절 → 천고마비

임마 데리러 → 엄마
밀수알선 → 수선밀알(세로쓰기)
게이바니 → 게임하니
도라이 오이생채 → 도라지
슈퍼전자파 → 슈퍼전파자
벗어매운탕 → 버섯
새우젖 → 새우젓
오징어남자덮밥 → 감자
짜증소스 → 짜장소스
축척된 → 축적된

최고 모텔 박○○ 선수 → 모델
육질이 참 드러워요 → 부드러워요
수치심 서비스 → 수지침
소거기 김밥 → 소고기
자유형 400㎖ 예선 → 400m
마늘또 볶음 → 마늘쫑
배달시 1000만 원 추가 → 1000원
고양이 가죽을 까봐 → 고양이가 죽을까봐
고객을 가족처럼 → 고객을 족처럼(불꺼짐)
피부가 예순입니다 → 예술입니다
매실엔 설사원액을 → 설사엔 매실원액을
양변 기가 막힙니다 → 양변기가
엄마가죽을 병에 넣었어 → 엄마가 죽을 병에
신뢰를 무릎쓰고 → 실례를 무릅쓰고

키 큰 사람들이 검은 옷이 어울리는 이유는?
팔베개를 해 달라고 보채는 음식은?
전사가 울면 운전사, 손수 만든 총은?

가쯔라   가쯔라鬘는 가발이나 덧 넣어서 딴 머리를 뜻하는 말로 쓰이죠. 청주의 브랜드인 월계관月桂冠인 겟께이깐月桂冠의 가쯔라桂는 달 속의 계수나무를 뜻해요.

가자리   가자리飾り는 한자 '꾸밀 식飾'을 써서 장식품, 허식虛飾, 꾸밈, 허례 의식, 실속이 없는 것 등의 뜻이에요. '귀고리'는 '귀 이耳'의 '미미耳'를 붙인 미미카자리耳飾로 귀에 구멍을 뚫지 않은 이야링구イヤリング과 구멍을 뚫은 피아스ピアス로 구분되며, '목걸이'는 '머리 수首'의 '구비首'를 붙인 구비카자리首飾 또는 영어 necklace의 네크레스ネックレス라고 하지요.

라이방   라이방ライバン은 레이밴Ray Ban으로 보안경, 색안경을 뜻하죠.

오비   오비帶는 한자 '띠 대帶'를 써서 허리띠, 허릿단을 뜻하는데, 은행에서 돈을 묶는 '띠지'의 '대지帶紙'는 '종이 지紙'의 '가미紙'를 붙여 오비가미帶紙라고 해요. 유도나 합기도에는 초보자의 '흰띠'인 '시로오비白帶'와 유단자의 '검은 띠'인 구로오비黑帶로 나누어지죠.

쿠세   쿠세癖는 한자 '버릇 벽癖'을 써서 버릇, 습관, 편향된 경향이나 성질을 뜻해요. 몸에 따라 나타나는 옷의 형태도 쿠세癖지요. 쿠세토리癖取り는 '취할 취取'의 '토리取'를 붙여 몸매에 맞도록 옷의 군주름을 줄이거나 늘리는 것을 뜻해요. 나쿠테나나쿠세無くて七癖는 '없을 무無'의 '나이無'와 '일곱 칠七'의 '나나七'가 쓰여 '없다 해도 누구나 일곱 가지 버릇은 있다'는 뜻이에요.

아재 개그

도가 크면?   도까지

위로 올리면 하나가 되고 내리면 둘이 되는 것은?   지퍼

기차 철로가 붙었다가 지나가면 벌어지는 것은?   지퍼

기레이 기레이奇는 한자 '기이할 기奇'와 '고울 려麗'를 써서 '좋아!' 또는 '고움, 예쁨, 아름다움, 깨끗함, 청결함'이란 뜻이에요.

간지 간지感じ는 한자 '느낄 감感'을 써서 '감각, 느낌, 멋'을 가리키는데, 고위층의 성품을 간지남男, '간지난다'고 우리말처럼 사용했죠.

앗사리 앗사리あっさり는 '담박하게, 산뜻하게'를 뜻해요.

 알까기 레알 사전 사랑의 거리

OK를 주면 우정의 싹이 트고, OK를 안 주면 애정에 금이 가는 애매한 거리를 가수 문희옥이 부른 노래 제목 '**사랑의 거리**'라고 한답니다.
OECD 가입자에게는 '라이를 가르쳐 주지 마'를 영어로 하면? '**돈텔어라이**'죠.
그런데, 계속 거짓말하는 사람을 '**또 라이**'라고 합니다.
동갑내기를 '**또래이(?)**'라고 하지요.

'보석이 아니다'를 영어로 하면?
헬스장에서 가장 힘이 쎈 사람은?
다섯은 당기고 다섯은 들어가는 것은?

오까네

'돈 돈 돈 돈에 돈 돈 악마의 금전……' 식의 노래가 있었죠. 유전무죄, 무전유죄 같은 말도 있고요. 가난한 이의 아픔이 묻어나는 말들이지요. 하지만 인생이 돌고 돌 듯, 돈 또한 돌고 돈다지요. 기운 차리고 힘써 벌어 오지게 살아 볼까요?

오까네   오까네お金, 御金는 접두어 '오御'와 '쇠 금金'의 '까네金'로 구성된 '돈, 금전'을 뜻하는 말이죠.

네마와시   네마와시根回는 '뿌리 근根'의 '네根'와 '돌 회回'의 '마와시回'로, 나무를 옮겨 심을 때 또는 좋은 열매가 맺히게 하기 위해 나무 둘레를 파고 주된 뿌리 이외의 잔뿌리를 쳐내는 일을 뜻하죠. 전하여 교섭 따위를 잘 성립시키기 위해 미리 의논하는 '사전 교섭'을 뜻하는데, 쉽게 말하자면 '물밑 작업'이라고도 하지요. 우찌아와세打ち合せ도 '칠 타打'의 '우찌打'와 '합할 합合'의 '아와세'로 '타합打合, 협의, 미리 상의함'이란 뜻이에요.

마바라   마바라疎ら는 한자 '성길 소疎'를 써서 '성김, 드문드문함'을 뜻하는데, 주식 거래 등 소액 거래를 전문으로 하는 사람들을 이르죠.

미다시   미다시見出し는 '볼 견見'의 '미見'와 '날 출出'의 '다시出'로 '견출見出 찾음표, 색인, 차례'죠. 데다시出だし는 '날 출出'을 써서 도입부나 시작을 뜻해요.

 아재 개그

길면 길수록 좋은 강은?
가장 재수 없는 사람은?
맞을수록 좋은 것은?

금강부금

항수 없는 사람

시험 문제

미아이見合い는 '합할 합合'의 '아이合'가 붙어 '맞선'이며, 미코미見込み는 일본 한자 코미込가 붙어 '가망, 예상'이죠.

가시키리　가시키리貸切는 '빌릴 대貸'의 '가시貸'와 '끊을 절切'의 '키리切'로 대절貸切이나 전세專貰로 사용하죠.

구로또　구로또玄人는 '검을 현玄'의 '구로玄=黑'와 '사람 인人'의 '히또人'의 일부인 '또人'로 능력이 뛰어난 사람, 숙달자, 전문가급 프로를 가리키는 말이죠. 시로또素人는 '흴 소素'의 '시로素=白'가 붙어 비전문가, 초심자, 풋내기, 아마추어를 뜻해요.

누레오찌바　누레오찌바濡れ落ち葉는 '젖을 유濡'의 '누레濡'와 '떨어질 락落'의 '오찌落', '잎 엽葉'의 '하葉'로 물에 젖은 낙엽처럼 정년퇴직하여 축 처진 채 마누라 꽁무니에 붙어 다니는 남편을 빗대어 이르는 말이에요. '하葉'가 '바'로 발음 변형되었죠.

나까마　나까마仲間는 '버금 중仲'의 '나까仲'와 '사이 간間'의 '마間'로, '동아리, 한패'를 가리키는데, '중간상인, 거간꾼'으로 바뀐 거예요. 나까마仲間 시세時勢는 중간 상인들 사이에 오가는 시세를 뜻하죠.

한자 '버금 중仲'은 '사람과 사람 사이'를, '가운데 중中'은 '물건과 물건 사이'를 이른답니다.

건배사　모바일, 원더풀, 가감승제

모든 것이 **바**라는 대로 **일**어나라
원하는 것보다 **더** 잘 **풀**리자
기쁨은 **더하고**, 슬픔은 **빼고**, 사랑은 **곱하고**, 행복은 **나누자**

하품의 반대말은?　　　　　　　　　　　　　　　물쏨
과소비가 심한 동물은?　　　　　　　　　　　　　사사
사자의 천적은?　　　　　　　　　　　　　　　　고픔

유도리 유토리ゆとり는 '여유, 융통'을 말하죠.

야지 야지野次는 한자 '들 야野'와 '버금 차次'를 써서 야유, 놀림, 빈정거림을 뜻하는데, 야지우마野次馬 한자 '말 마馬'를 붙여 '구경꾼'을 뜻하죠.

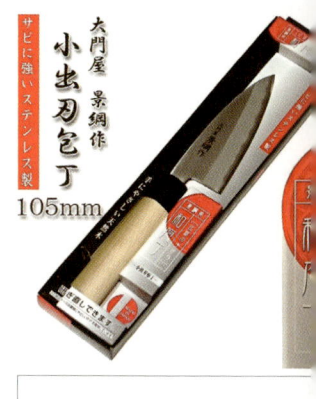

데바보초 데바보쵸出刃包丁는 '날 출出'의 '데出'와 '칼 날 인刃'의 '하刃'에 '식칼'을 뜻하는 '호쵸包丁'가 붙어 '식칼, 요리, 그 솜씨'라는 뜻이에요. 발음 변형이 생겼죠.

가타가키 가타가키肩書き는 '어깨 견肩'의 '가타肩'와 '글 서書'의 '가끼書'로 '직함'을 뜻하죠. 세로 쓰기로 된 명함이나 서류 등에서 성명 오른쪽 위에 직함 따위를 쓰는 일을 가리키기도 하죠.

혼다테 혼다테本立て는 책, 서적, 대본 등을 뜻하는 '근본 본本'의 '혼本'과 '설 립立'의 '다테立'를 붙여 '책꽂이'를 뜻해요.

가까리 가까리係는 '이을 계係'로 담당, 계, 계원, 관계関係 등을 말하죠. 직장 내 직급 중에서 계장係長을 가까리쵸係長라고 하죠.

선달의 구구단

21원론	22율곡선생	23저삼
24짐	25요쿠르트	26과 착륙
27리야	28방년	29동성

아재 개그

돈을 버는 개는?
호랑이가 흥에 겨울 때는?
사자가 빈병을 줍는 알바를 하면?

(캔)비개

호랑

(빵)내우는 용맹 하이스

가부시키　가부시키株式는 '그루 주株'의 '가부株'와 '법 식式'의 '시키式'로 주식株式을 뜻하죠. 공동으로 출자한다는 의미에서 비용을 나누어서 낸다는 각자 부담인 '더치페이'로 사용하고 있죠. '각자 부담'은 와리깡割勘으로 한자 '나눌 할割'의 '와리割'와 '조사할 감勘'의 '캉勘'을 쓴답니다.

겐또　겐또見当는 한자 '볼 견見'과 '마땅할 당当'을 써서 어림짐작, 가늠, 위치 등을 이르는데, 미꼬미見込와 같죠. '겐토見当치다' 식으로 많이 사용했지요.

기리스테　기리스테切捨는 '끊을 절切'의 '기리切'와 '버릴 사捨'의 '스테捨'로 '어느 부위의 끝수를 잘라서 버림'의 뜻으로 절사切捨로 많이 썼죠.

Pun & Joke — 우리집 강아지는 복슬강아지

삽을 사려는 개는? 삽살개
헤어숍에서 키우는 개는? 미용도구
개와 사람만 사는 곳은? 견인지역 (犬人)
개들이 싫어하는 집은? 보신각
가장 빠른 개는? 번개
미인만 따라다니는 개? 미인계
개가 먹는 쌀은? 개미
개가 재채기를 하면? 개추
보신탕집 개의 복수는? 식인종으로 환생한다
뜨거운 개는? 개불
너무 쉬우면? 개이지(easy)
개가 벽을 보고 짖으면? 월월(Wall Wall)
미국에서 개고기 안 먹는 이유? 독(dog=毒)이라서
개똥도 약에 쓰려면? 식약처 허가를 받아야 한다

호랑이에게 덤벼드는 용감한 개는?
교통체증이 심하면?
사자와 호랑이가 숙제를 안 하는 이유?

용감무이자
물음(?)
물음(?)이 무서워서

135

고부고부 고부고부五分五分는 '고부五分=5/10'를 두 번 반복해 힘줌말로 절반, 어슷비슷함, 비등함, 팽팽함을 뜻하죠. 똔똔とんとん은 '또이또이'나 고부고부五分五分와 같은 의미로 '수지收支가 균형 잡힘'을 뜻하죠.

아까지 아까지赤字는 '붉을 적赤'의 '아까赤'와 '글자 자字'의 '지字'로 마이너스인 적자赤字를 말하죠. 구로지黒字는 '검을 흑黒'을 써서 '흑자黒字'나 '이익'을 뜻하지요.

나쓰가레 나쓰가레夏枯れ는 '여름 하夏'의 '나쓰夏'와 '마를 고枯'의 '가레枯'로 '여름 타기'를 뜻하죠. 나쓰바테夏ばて는 더위 먹는 것을 뜻해요.

도꾸이 도꾸이得意는 한자 '얻을 득得'과 '뜻 의意'를 써서 '가장 숙련되어 있음'을 뜻하는데, 여기에 '먼저 선先'의 '사키先'를 붙인 도꾸이사키得意先는 단골손님이죠. 접두어 '오'와 '사마'를 앞뒤로 붙여 오도꾸이사마御得意様라고도 하죠.

오떼 오테大手는 '큰 대大'의 '오大'와 '손 수手'의 '테手'로 '큰 장수, 큰손, 대형' 등을 뜻하는데, 대기업을 오테기교大手企業라고 해요. 장기판에서 '장이야!'를 외칠 때 '오테大手'라고 외치죠. 도쿄에는 오떼마치大手町 전철역도 있지요.

도모다찌 도모다찌友達는 '벗 우友'인 '도모友'와 '통달할 달達'의 '다찌達'를 써서 친구, 벗, 동무를 뜻해요.

깅꼬 깅꼬銀行는 한자 '은 은銀'과 '다닐 행行'으로 '은행銀行'이죠. '은행나무 열매'는 한자 '살구 행杏'을 써서 긴낭銀杏이라고 해요.

마도 마도窓는 한자 '창문 창窓'을 써요. 동창회同窓会를 도소카이同窓会라고 하지요. 마도와쿠窓枠는 '틀'을 가리키는 와쿠枠를 붙여 '창틀'을 뜻해요. 마도구찌窓口는 '입 구口'를 붙여 '창구窓口'죠.

 아재 개그

물고기가 놀면?
왕자가 샴프 후 린스가 필요 없는 이유는?
곰돌이 푸우가 머리를 감고 하는 것은?

푸린스(無)
표린(샴)프기
표린스

이찌방 이찌방一番은 '한 일一'의 '이찌一'와 '차례 번番'의 '방番'으로 '일번, 첫째, 최고'를 뜻해요. 이찌니산一二三은 한자 그대로 일이삼 一二三을 가리키죠.

야리쿠리 야리쿠리遣り繰り는 '보낼 견遣'의 '야리遣'와 '고치 켤 조繰'의 '쿠리繰'로 '둘러대기, 꾸며 대기, 변통'을 뜻해요.

우리바 우리바売場는 '팔 매売'의 '우리売'와 '마당 장場'의 '바場'로 '판매장'을 뜻해요. '우리売'에 '끊을 절切'의 '기레切'를 붙인 우리키레売切는 '다 팔림, 품절'을 뜻하죠. '바나나 떨이'를 '바나나노 다타키우리バナナの叩き売り'라고 하지요. 우리다시売出은 한자 '날 출出'을 붙인 것으로 '판매, 팔기'를 뜻해요. 일본의 유명한 신문 요미우리読売는 '읽을 거리를 파는 회사'죠.

보사시 보사시棒指し는 '몽둥이 봉棒'의 '보棒'와 '손가락 지指'의 '사시指'로 '알림꾼, 안내원'을 뜻하죠. 평행봉平行棒을 헤꼬보平行棒라고 하지요.

Tip & Talk — 행운의 이불

팁으로 만천 원이 아닌 천만 원.
경기도 이천 분들은 이천만 원을 준비한다지요.
때로는 전 국민이 1원씩 모아서 5천만 원을 준비하는데, 라이터로 불을 붙이면 5천만 불?
지나친 겸손은 오만 아닌 5만 동 상금!
베트남 화폐 5만 동을 이불 세트 선물로 바꿔 오죠.
행운의 이불($2)이니까 이불이네요.
2,500원이니까, 5만 동이네요.

법이 없어야 사는 사람은?
다리미가 좋아하는 음식은?
피자가 놀라면?

가방모찌 가방모찌鞄持ち는 '혁공 포鞄'의 '가방鞄'과 '가질 지持'의 '모찌持'로 상사의 가방을 들고 따라다니며 시중을 드는 '비서'를 뜻해요. 가께모찌掛け持ち는 '걸 괘掛'의 '가께掛'를 붙여서 '걸쳐서 가진다'란 뜻으로 한꺼번에 두 가지 일을 하는 것으로 '겸직, 겸임兼任, 겹치기'를 뜻하죠.

와리비끼 와리비끼割引는 '벨 할割'의 '와리割'와 '끌 인引'의 '히끼引'로 '할인'을 뜻해요. 구지비끼籤引는 '제비 첨籤'의 '구지籤'와 '끌 인引'의 '히끼引'로 '추첨, 제비뽑기'죠. '히끼引'가 '비끼'로 발음 변형된 것을 확인할 수 있어요. 다까라쿠지宝籤는 한자 '보배 보宝'를 붙여 '복권福券'을 뜻해요. 배터리가 떨어졌을 때 소중한 보조배터리가 보배? 아미다쿠지阿弥陀籤는 불교 용어인 아미다阿弥陀가 붙어 '공짚기, 사다리 타기'를 뜻하죠. 덴비키天引き는 '하늘 천天'을 써서 '선공제, 우선 공제'를 말하죠. 데비끼手引는 '손 수手'의 '데手'를 써서 '길잡이'지요. 테지나手品는 '물품 품品'의 '시나品'를 붙여 '마술, 요술, 홀림수, 속임수'랍니다. '시나品'가 '지나'로 발음 변형되었어요. 데우치手打는 '칠 타打'의 '우치打'가 붙어 손으로 만든 수타手打 국수인 '손국수'를 가리켜요.

곤조 곤조根性는 '뿌리 근根'의 '곤根'과 '성품 성性'의 '조性'로 태어날 때부터 생긴 뿌리 깊은 성질인 근성根性을 뜻하는데, 우리나라에서는 평상시 드러나지 않은 본색, 본성, 심지, 나쁜 근성, 날카로운 성깔을 가리키는 비속어로 주로 쓰죠.

닥상이다 닥상沢山은 한자 '못 택沢'과 '뫼 산山'을 써서 '충분하다, 넉넉하다, 제격이다' 등의 뜻이에요.

 아재 개그

호랑이가 마음에 들어서 한 말은?
호랑이가 강에 가면?
호랑이 줄무늬가 L처럼 생기면?

(정답: 타이거(tiger))
(정답: 호강인(江가인))
(정답: 엘범(ㄴ))

구즈 구즈屑는 한자 '가루 설屑'을 써서 '다 쓰고 남은 찌꺼기, 쓸모없는 것, 쓰레기' 등을 가리키는 말이에요.

죠시 죠시調子는 한자 '고를 조調'와 '아들 자子'로, '상태나 가락'을 뜻해요.

마에가리 마에가리前借는 '앞 전前'의 '마에前'와 '빌릴 차借'의 '가리借'로 '가불'이라는 뜻이죠. 마에가키前書き는 '글 서書'의 '가키書'를 붙여 머리글, 서문을 뜻하죠. 기마에気前는 '기운 기気'를 붙여 '선심, 호기, 한턱 냄'을 뜻하는데, 우리는 '기마이'라고 많이 썼죠.

바리바리 바리바리ばりばり는 일을 척척 해 나가는 모양이나 활동적인 모양을 뜻해요.

빠리빠리 빠리빠리ぱりぱり는 원기 왕성하고 외모가 좋은 모양, 민첩하고 단정한 모양을 뜻하죠.

 알까기 레알 사전 에프킬라

수학과 영어 점수가 만점에 가까운 학생을 **수영선수**라고 하죠.
사회와 과학 천재를 **사과킬러**라고 한답니다.
비만 학생은 뚱뚱해서도 아니고 학점 B만 깔아서도 아닙니다.
행사 때마다 **비만 몰고 다니는 학생**을 말하죠.
국과수인 국립과학수사연구소 채용시 중점을 두는 과목은 '**국과수**', 즉 국어, 과학, 수학이라고 한다지요.
테니스에서 전위 포칭을 잘하거나 골프에서 어프로치 F를 잘 쓰는 선수를 '**에프킬라**'라고 한답니다.

호랑이가 좋아하는 것은?
이가 빠진 호랑이는?
호랑이가 사는 숲은?

삐까번쩍　일본어에서 피카피카ぴかぴか는 광택이 나는 모양으로 '반짝반짝, 번쩍번쩍'을 뜻하죠. 따라서 '삐까번쩍'은 결국 '번쩍번쩍'과 같은 뜻이네요.

깃카께　깃카케切っ掛け는 '끊을 절切'의 '기리切'와 '걸 괘掛'의 '가께掛'로 '좋은 기회, 계기'를 뜻해요. 깃테切手는 '손 수手'의 '테手'가 붙어 '우표'를 뜻하고, 고깃테 小切手는 '작을 소小'의 '고小'가 붙어 '수표'죠. '기리切'가 '깃'으로 발음 변형되었어요.

히마　히마暇는 한자 '겨를 가暇'를 써서 '손이 비어 있는 시간, 틈, 짬'을 뜻해요. 우리는 일거리가 없어 잠시 휴업 상태를 '히마진다'고 했지요.

사진가꾸　'사진가꾸'에서 가꾸額는 한자 '이마 액額'을 써서 '액자, 틀'을 뜻해요. 따라서 '사진가꾸'는 '사진 액자'란 뜻이죠.

신마이　신마이新米는 한자 '새 신新'과 '쌀 미米'로 '햅쌀'을 뜻하죠. 신마에新前는 '앞 전前'의 '마에前'를 붙여 '신참

🎉 건배사　위하여

'애처가' 버전
위대하고 **하**늘 같은 **여**보를 위하여
위(上)도 잘하고 **하**(下) 아래도 잘하고 **여**자에게 특히 잘하자
'위기를 기회로!' 버전
위기를 기회로 **하**면 된다 **여**러분 파이팅
위기가 닥쳐와도, **하**늘이 무너져도 문제없습니다. **여**러분과 함께라면
위하여 3창은 반드시 세 가지(나라-가정-개인 등) 캐치프레이즈가 있어야 하며, 세 번째는 반드시 스타카토로 해야 맛깔스럽죠.

 아재 개그

북쪽이 타면?
'차미네이터' 차두리가 희망의 불을 지피면?
왕이 둥둥 떠 있으면?

북극곰(north)

슈미슈미

윤중천황(유우)

新参, 풋내기'로도 쓰이죠. '새 신新'의 훈독은 아타라시이新しい죠. 신삥新品은 '물건 품品'을 써서 '새것, 신품'이죠. 일본에서는 미국美國을 '쌀 미米'를 써서 미국米国이라고 표기하고 베이꼬꾸米国라 읽어요.

아찌고찌   아찌고찌彼方此方는 '여기저기, 이곳 저곳'을 뜻해요. 아찌彼方는 '저쪽'이란 뜻이고, 고찌此方는 '이쪽'이란 뜻이니, 우리나라와는 반대지요. 아노요 彼の世는 저승, 고노요此の世는 이승!

가타마리   가타마리固まり, 塊り는 한자 '굳을 고固' 또는 '덩어리 괴塊'를 써서 '덩어리, 뭉치, 집단'을 뜻해요.

쿠사리   구사리腐는 한자 '썩을 부腐'를 써서 '부패, 썩음'을 뜻해요. 음식이 썩으면 '쿠사리' 들겠지요. 우리는 '면박, 핀잔'의 뜻으로 썼어요.

Pun & Joke BH 사나이

BH(Blue House?) 꿈을 꾸는 사나이!
BH연필(Black&Hard)로 공부하고
BH090(자일대우버스)를 타고
BH(병호.Park)선수를 좋아하고
BH(부림희성)빌딩에 근무하고
BH(비어할레)를 즐겨 마시고
BH(벤 호건)을 좋아하고
BH330(제네시스)를 타고
BH(Brown Hotel)에서 숙박하고
BH Midia Group을 만들어
BH(엔터테인먼트)를 꿈꾸는
BH.Yoon이 본명인 이 사람 누꼬?

```
오뜨사다
ㅜㅜㄴㄴ
ㄱ
하가우ㅣ브르다으바라브며
ㄴ    ㅗㅁㄹㄹ      ㅗ
거가 해보재미 드루다뚜
ㄴ ㅇ ㅇㄱ      ㅁㅁㄱ
가드 가드 다아 ㅂㅅㅇ
ㄱ   ㄱㅁ  ㅗ ㅛ
해보하하르 유서다 拜上
ㅇㄴ    ㄱㄴㄴ ㄹ
```

큰 종이를?
'뽀'랑 헤어질 때 하는 인사말은?
왕과의 작별 인사는?

커짓 (巨紙)
뽀빠이 (bye)
아이 (bye) 킹

찌라시 지라시散らし는 한자 '흩을 산散'을 써서 광고로 뿌리는 종이, 전단지를 뜻해요. '전단지'를 '아이 저스트 just'라고 한다지요. 지라시즈시散らし寿司는 초밥에 여러 종류의 건더기를 합쳐 만드는 '스시寿司=초밥'의 일종이에요.

혼또 혼또本当는 한자 '근본 본本'과 '마땅할 당当'을 써서 '진실, 정말, 진짜, 사실'을 뜻해요. 혼모노本物는 한자 '만물 물物'을 써서, 짝퉁이 아닌 '진짜'를 뜻하죠. '짝퉁'은 한자 '거짓 위偽'를 써서 니세모노偽物라고 해요. 모노가타리物語는 한자 '말씀 어語'의 '가타리語'를 붙여 '이야기'라는 뜻이죠. 혼네本音와 다테마에建前는 각각 '본심'과 '겉으로 드러나는 모습'을 뜻하는데요. 속내를 좀처럼 드러내지 않는 일본인의 두 마음이라고 할까요.

도리 도리取り는 한자 '취할 취取'을 써서 '독차지'를 뜻하죠. 소도리総取り는 한자 '거느릴 총総'의 '소総'를 붙여 '몽땅 사기'랍니다.

와이로 와이로賄賂에 쓰인 한자는 '뇌물 회賄'와 '뇌물 뢰賂'죠.

야메 야미闇·暗는 한자 '숨을(망루) 암闇'이나 '어두울 암暗'을 써서 정당하지 않은 '뒷거래'를 뜻해요.

재미나는 아이디

설왕설레임	섬섬옥수수	세상에이런힐킥이
세일러묵	센과치히로의생사불명	센프란세스코
소리부르고노래질러	소곱하기소는소	소잃고외양간부수기
손자손잡고	수원한시박	숫자는나이에불과

아재 개그

해산물이 부패하는 이유는?
'화상을 입은 줄 알았어'를 영어로 하면?
소녀가 강으로 가면?

리시기쓰(非fresh)
데인조아서스(dangerous)
걸리버여행(gin니)

142

네다바이 네타바이ねたばい는 가짜 돈다발 등으로 지능적으로 사람을 속여 금품을 빼앗는 것으로 '사기, 야바위, 등치기'를 뜻하는데, 인치키いんちき도 '속임수, 야바위'를 뜻하지요. 야바이やばい는 들키거나 잡힐 염려가 있어 '위태롭다, 위험하다'는 뜻인데, 사람을 속이는 마술로 많이 쓰죠. 야마시山師는 '뫼 산山'의 '야마山'와 '스승 사師'의 '시師'로 속임수, 사기, 투기꾼, 모험꾼, 광맥 찾는 직업을 뜻하죠. 구라晦, 暗는 한자 '그믐 회晦' 또는 '어두울 암暗'을 써서 '남의 눈을 속임'. 즉 '사기'라는 뜻이죠. 당고談合는 '담합'으로, 일을 부정으로 진행하는 '야바위'나 '짬짜미'인데, '고정시켜 놓고 진행한다'는 의미로 '픽스fix'라고도 하지요.

히키사게 히키사게引き下げ는 '끌 인引'의 '히끼引'와 '아래 하下'의 '사게下'로, 내린다는 뜻의 인하引下죠.

기리아게 기리아게切上는 '끊을 절切'의 '기리切'와 '위 상上'의 '아게上'로, 우리 식으로 읽으면 절상切上이죠. '올림'이란 뜻이에요. 기리사게切下는 그 반대인 절하切下, 즉 '내림'이죠.

유루미 유루미弛み는 한자 '늦출 이弛'를 써서 '느슨(함)'을 뜻하죠. '해이解弛'라는 단어를 떠올리면 이해가 편하죠.

선달의 구구단

31천하	32자	33오오
34관학교	35님	36우유
37일	38선	39쇼핑

병을 치유하기 위해 가는 여행지는?
사고뭉치를 한 글자로 줄이면?
탐관오리가 좋아하는 마술은?

터키탕 이 말의 정식 일본어는 도루코부로トルコ風呂예요. 부로風呂는 목욕탕을 뜻하고, 원래 발음은 '후로'죠. '도루코'는 터키Turkey의 일본식 발음이에요. 지금은 소프랜드ソープランド라는 이름으로 바뀌어 영업 중이라네요. 로텐부로露天風呂는 건물 밖에 있으면서 지붕이나 담을 설치하지 않은 목욕탕인 노천탕露天湯이에요.

히니쿠 히니쿠皮肉는 한자 '가죽 피皮'와 '고기 육肉'을 써서 '흥보기, 비웃기, 비아냥'을 뜻해요.

히카에 히카에控え는 한자 '당길 공控'을 써서 '덧본, 부본'을 말하죠. 히카에메控え目는 '남의 눈에 나타나지 않음, 사양하듯 조심하며 소극적임, 약간 적을 듯한 겸손함'을 뜻해요. 유키토도쿠行届く는 '갈 행行'의 '유키行'와 '이를 계届'의 '토도쿠届'로 '마음씨나 주의가 구석구석까지 미치다, 자상하다'의 뜻이죠.

Pun & Joke — 눈을 떠라! 세계 공통어 '아멘'

길가에서 죽으면? 도사	깨가 죽으면? 주근깨
눈이 죽으면? 설사	돌고래가 죽으면? 다이돌핀
밥이 죽으면? 밥주걱	돌이 죽으면? 고인돌
소금이 죽으면? 죽염	아몬드가 죽으면? 다이아몬드
동반자살을? 맞다이	암바를 당해서 죽으면? 암바사
신이 죽으면 가는 곳은? 신주꾸	다이하드를? 사후경직
모나리자가 죽으면? 관리자(棺)	달팽이가 죽으면 가는 곳은? 달팽이관(棺)

 아재 개그

뒤로 걸으면?
코가 긴 장수는?
SNS에 입문한 장비가 처음 단 댓글은?

(거꾸로걷기 / 장비 / 장비요(답글))

한빠 한빠半端는 한자 '반 반半'과 '끝 단端'을 써서 '우수리, 찌꺼기, 어중간함'을 뜻해요.

잉꼬 잉꼬鸚哥는 한자 '앵무새 앵鸚'과 '노래 가哥'를 쓰죠. 잉꼬 같이 금슬이 좋은 부부를 잉꼬부부鸚哥夫婦라고 하지요. 일본은 사이 좋은 부부를 원앙鴛鴦에 빗대어 '오시도리鴛鴦 부부'라고 하지요. 앵무鸚鵡새는 '오무鸚鵡'라고 하죠. '오무가에시鸚鵡返し'는 '앵무새처럼 남이 한 말을 그대로 되넘'을 뜻해요.

알까기 레알 사전 방향제

방향이 제어되지 않는 장타는 **재앙**이라고 하는데 방향성이 좋아지는 음료가 개발되었다지요. 바로 '**방향제**'랍니다.

내기하는 사람들은 장타자와 상대하기가 가장 쉽답니다. 홈런 타자가 삼진이 많듯 장타자는 **오비**가 많으니까요.

거리를 지나치게 많이 내면 동반자들로부터 '**거리의 자식**'이라는 칭찬(?)을 들을 수 있습니다.

방자가 향단이를 사랑하는 마음도 **방향성**이라고 한다지요.

USB에 더 넣을 수 없는 이유는?
소아의 피를 수혈 받기 위해 하는 말은?
보드를 누르면 키보드, 키보드의 원산지는?

기가 차서(Giga)
피 호소(어이 피)
일본(자판=Japan)

미다시

인류가 역사에서 비약적인 발전을 거듭할 수 있었던 것은 다름 아닌 기록의 힘이죠. 인간은 새로운 것을 알아낼 때마다 기록을 남겨 다음 세대의 지혜로 삼았어요. 그리고 기록을 남기는 방법도 발전에 발전을 거듭하여 출판·인쇄라는 기술을 만들어 냈죠. 관련 용어를 살펴볼까요?

미다시 미다시見出し는 '볼 견見'의 '미見'와 '날 출出'의 '다시出し'로 신문의 표제, 헤드라인이에요. 고미다시小見出し는 '작을 소小'의 '고小'를 붙여 신문, 잡지 등의 작은 표제, 소제목을 뜻하죠. 미홍見本은 '볼 견見'의 '미見'와 '근본 본本'의 '홍本'을 붙여 견본見本을 뜻해요.

가리방 가리방がり版은 한자 '널조각 판版'을 써서, 원지를 긁는 철판인 '줄판, 등사판'이죠.

가리즈리 가리즈리仮刷는 '거짓 가仮'의 '가리仮'로 '임시'라는 의미와 '인쇄(솔질)할 쇄刷'의 '스리刷'가 합쳐진 말로, 바로잡기용으로 쓰기 위해 임시로 미리 찍는 인쇄물인 가쇄假刷, 애벌 찍기, 애벌 인쇄를 뜻해요. '스리刷'가 '즈리'로 발음 변형되었죠.

 건배사 이기자 아자아자, 나가자 야

이렇게 **기**분 좋은 **자**리 자주 가지자 **아주자주 아주자주**
나~도 잘 되고 **가**~도 잘 되고 **자**~도 잘 되고 **야**~도 잘 되자

 아재 개그

가장 야한 식물은? (야자수(야한?))
남녀가 해돋이 간 이유는? (해도지(해))
목적 있어 들고 가는 돈은? (용돈(용~돈))

게라 '게라'는 게라즈리ゲラ刷り에서 앞 두 글자만 따서 쓰인 형태죠. 게라즈리ゲラ刷り는 영어로 갤리 프루프galley proof라고 하는데, '게라'는 영어 갤리galley를 일본식으로 발음한 소리라네요. 뜻은 '활자판 상자, 교정쇄'를 뜻해요. 교정쇄를 교정스리校正刷り, こうせいずり라고도 하지요.

돗판 돗판凸版은 잉크를 묻히는 부분이 불룩하게 튀어나온 '볼록판'을 뜻해요.

카게모지 가게모지影文字는 '그림자 영影'의 '가게影'와 문자文字의 '모지文字'로 '그림자 글씨'를 뜻해요. 희대의 영화 감독 구로사와 아키라의 영화 제목으로도 유명한 '가게무샤影武者'는 직역하면 '그림자 무사'라는 뜻으로, 적을 속이기 위하여 대장이나 주요 인물처럼 가장해 놓은 무사武者, 즉 '아바타'죠.

사쯔마리 사쓰마와리察回는 '살필 찰察'의 '사쓰察'와 '돌아올 회回'의 '마와리回'로, 기자나 카메라맨이 사건 등의 정보를 얻기 위해 경찰서 등을 정기적으로 도는 일을 뜻해요. '마와리回'를 우리는 '마리'로 줄여서 말했죠. 또 '사쓰마리'를 '사시마리'라고도 했어요. 사쓰察는 케이사쓰警察인 경찰警察의 속어이기도 해요.

기보루 기보루黄ボール는 '누를 황黄'의 '기黄'와 영어 보드board의 일본식 읽기 보루ボール가 합쳐진 말로 황판지黄板紙를 뜻해요.

아까지 아까지赤字는 '붉을 적赤'의 '아까赤'와 '글자 자字'의 '지字'로 '손해, 결손, 적자'라는 뜻인데, 출판 인쇄 분야에서는 '교정자'를 뜻해요.

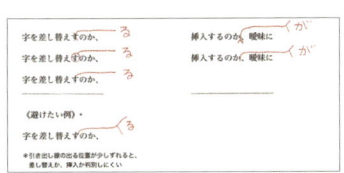

실없는 사람에게 있으나 마나 한 것은?
밥이 기분 나쁘게 웃으면?
바나나 우유가 웃으면?

세나카 세나카背中는 '등 배背'의 '세背'와 '가운데 중中'의 '나카中'로 '책등, 등허리'라는 뜻이에요. 세모지背文字는 '세背'에 '문자'의 일본어 '모지文字'가 붙어 책등에 넣는 제목, 저자명, 발행소 등의 글자죠. 고싯쿠ゴシック은 고딕Gothic의 일본식 발음으로 '돋움체'를 뜻합니다. 세가타메背堅め, 背固め는 한자 '굳을 견堅 / 굳을 고固'를 써서 '등 굳힘'을 뜻해요.

누스미토리 누스미토리盗み取り는 '훔칠(도둑) 도盗'의 '누스미盗み'와 '취할 취取'의 '토리取'로 '훔쳐서 가짐, 훔침'을 뜻해요. 몰래 훔쳐서 보는 것을 '엿볼 사覗'의 '노조끼覗き'라고 하지요. 토리取り를 도리撮り로 바꾸어 누스미도리盗み撮り라고 하면 사회적으로 문제가 심각한 '도촬, 몰래 촬영함'이 되네요.

삼멘기사 삼멘三面 기사記事는 신문이 4면이었을 때 3면인 '사회 기사'를 뜻하죠.

토쿠타네 토쿠타네特種는 '특별할 특特'의 '토쿠特'와 '씨 종種'의 '타네種'로 '특종 기사'를 뜻해요. 요즘은 통상 스쿠프scoop라고 하죠.

알까기 레알 사전 구구단을 외자

19禁이란? 19시 이전에 보아서는 안 될 동영상 등 야한 것들.
그럼, 이 구구단은 무엇을 의미하는지요?

십대 때는 $1 \times 9 = 09 \rightarrow$ 0주 9회	이십 대는 $2 \times 9 = 18 \rightarrow$ 1주 8회
삼십 대는 $3 \times 9 = 27 \rightarrow$ 2주 7회	사십 대는 $4 \times 9 = 36 \rightarrow$ 3주 6회
오십 대는 $5 \times 9 = 45 \rightarrow$ 4주 5회	육십 대는 $6 \times 9 = 54 \rightarrow$ 5주 4회
칠십 대는 $7 \times 9 = 63 \rightarrow$ 6주 3회	팔십 대는 $8 \times 9 = 72 \rightarrow$ 7주 2회
구십 대는 $9 \times 9 = 81 \rightarrow$ 8주 1회	

구구단을 외자♩ 구구단을 외자♪ 구구단은 9(외자?)단까지밖에 없지요. 그래서 외字라고 하겠지요. 선달 생각!

아재 개그

신문이 일하러 가면?
코를 두 번 파면?
아빠가 이사 가면?

(근 ∓)곰(근 ∓)곰

쌍코피

빠빠(06)

구로누끼 구로누끼黑抜き는 '검을 흑黑'의 '구로黑'와 '뺄 발抜'의 '누끼抜'로 '검게 뽑기'를 뜻해요.

도지시로 도지시로綴代는 '꿰맬 철綴'의 '도지綴'와 '대신할 대代'의 '시로代'로 '철하기 위해서 남겨 둔 종이의 여백, 꿰맬 몫'이란 뜻이에요.

고구치 고구치小口는 '작을 소小'의 '고小'와 '입 구口'의 '구치口'로 '횡단면, 자른 자리, 맬몫의 반대편 변인 배쪽'이죠. 고바리小貼는 '붙일 첩貼'의 '하리貼'를 붙인 '따붙이기'를 뜻하죠.

 **항상 화목하라**

어느 부부가 부부 관계 문제로 주례를 섰던 어른께 상담을 받았다.
부부: 어르신, 적당한 부부 관계 횟수는 얼마나 될까요?
주례: 주례사 할 때, 항상 "화목하라"고 했잖아요. 그러니까 화, 목만 하세요.
부부: 그럼, 대부업자들은 '수, 금' 하고 술꾼들은 '토'만 하고 스포츠광은 '토, 토' 하겠네요.
주례: 그렇지, 지난달 안 했으면 '금, 월'에 하고, 어제 못했으면 '금, 일'에 하고 정 안 되면 '수, 일' 내 하지요.
부부: 그렇다면, 건설업에 종사하면 '토, 목' 하거나 '목, 수' 하고, 수목원에서는 '수, 목' 하고, 또 솜 공장 다니면 '목, 화' 하고, 신나면 '월~쑤(수)'하겠네요.

선달의 구구단

41로	42월드	43사태
44오입	45는 장대	46배판
47논변	48뜨기	49일생

※ '사오(竿)'는 '장대 간(竿)'

감옥에서 먹는 차는?
감옥에 갈 수 있는 책은?
감옥을 돌로 지으면?

나라시 나라시慣らし・馴らし는 한자 '버릇(익숙할) 관慣', '길들일 순馴'을 써서 '길들이기, 잠 재우기'를 뜻해요. 발음이 같은 나라시奈良市 및 나라시均し와는 무관하지요.

누끼 누끼抜는 한자 '뺄 발拔'을 써서 '배경 지우기'라는 뜻이에요. 시로누키白抜き는 '흰 백白'의 '시로白'를 붙여 흑색 바탕 이외의 글자나 도형을 희게 하는 일 또는 그 글자나 도형을 뜻하죠.

쓰나기 쓰나기繋는 한자 '맬 계繫'를 써서 이음매, 분할화선, 연결, 이음, 연결하는 것을 뜻해요.

오구미 오구미大組는 '큰 대大'의 '오大'와 '짤 조組'의 '구미組'로 '판짜기'를 뜻해요. 반대는 '잘게 짬'의 '고구미小組'죠.

가미도리 가미도리紙取는 '종이 지紙'의 '가미紙'와 '취할 취取'의 '도리取'로 '종이 받이'를 뜻해요. 데가미手紙는 '손 수手'의 '데手'를 붙여 '편지, 서한書簡'을 뜻하죠.

 **알아 두면 유비무환!**

엄지: 오야유비(親指), 검지: 히도사시유비(人差指), 중지: 나카유비(中指), 약지: 구스리유비(薬指), 새끼손가락은 고유비(小指)이며, '유비와(指輪)'는 '바퀴 륜(輪)'의 '와(輪)'를 써서 '반지, 가락지'를 말한다.

아재 개그

드라큘라가 힘들 때 회복하는 방법은?
모기가 피곤한 이유는?
모기가 좋아하는 버섯은?

기가타 기가타木型는 '나무 목木'의 '기木'와 '거푸집 형型'의 '가타型'로 목형木型인데, 주형鑄型을 만들 때 사용하는 나무로 만든 모형模型을 뜻해요. 가타型밥은 '틀 밥, 찍은 밥'을 뜻하죠.

오쿠리 오쿠리送り는 한자 '보낼 송送'을 써서 '넘김, 옮김'이란 뜻이에요.

돔보 돔보蜻蛉는 '잠자리'라는 뜻인데, 인쇄 용어로는 '가늠표나 짐작표'인 겐토見当표를 가리켜요. 지우개 브랜드 '돔보'가 유명하죠. 아까톰보赤とんぼ는 한자 '붉을 적赤'을 써서 '고추잠자리'죠.

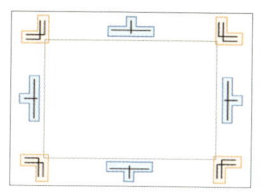

시와 시와皺는 한자 '주름 추皺'를 써서 '주름, 구김살'을 말하죠.

나와바리 나와바리縄張り는 '(새끼)줄 승縄'의 '나와縄'와 '베풀(늘여놓을) 장張'의 '하리張'로 '영역, 세력권, 텃세, 구역을 정함'이란 뜻인데, '새끼줄로 쳐서 경계를 정함'이 기자들 사이에서 '취재 영역'이란 뜻으로 쓰여요. 일본에서 조폭인 야쿠자やくざ가 자신의 세력권을 지칭할 때 쓰는 말이기도 해요. 야쿠자 간부가 새끼손가락이 없는 이유는 충성의 표시로 손가락 일부를 자르는 단지파断指派에 속하기 때문이라네요.

재미나는 아이디

수탉크래프트	순데렐라	술먹는하마
슬프면술퍼술푸면슬퍼	숨쉰채발견	쉰들린강아지
스치는바람둥이	승패벙거지상사	시베리안허숙희
식후세번양아치짓	신라의달바	신밧드의보험

포켓몬스터 지우의 애완견은?
한 시간 동안 비가 내리면?
미국에서만 내리는 비는?

치와와(犬)
호우 60분(호찌민호)
USB(비)

도비라 도비라扉는 한자 '문짝 비扉'를 써서 잡지 본문 앞의 첫 페이지 또는 속표지, 속제목을 가리켜요.

히라키 히라키開き는 한자 '열 개開'를 써서 '좌우로 갈라져 펌'이란 뜻도 포함되어 있어요. 취재팀에 주로 할당된 페이지 수는 많은데, 쓸 내용이 없을 때 많이 쓰는 수법이죠.

하시라 하시라柱는 한자 '기둥 주柱'를 써서 기둥 또는 기둥이 되는 사람이나 물건이란 뜻이에요. 잡지의 중요한 항목, 기사를 지칭하는 말로도 쓰이죠.

가네가타 이 말의 원래 일본어는 가나가타金인데, 우리가 '가네가타'로 잘못 발음하고 있죠. '쇠 금金'의 '가네金'와 '거푸집 형型'의 '가타型'를 써서 금형, 쇠틀을 뜻해요. '가네'가 '가나'로 발음 변형되었죠.

Pun & Joke 호감가는 상호

김떡순(김밥, 떡볶이, 순대)	전갈탕(전복, 갈치)	샤갈샤브샤브갈비
babidabida(밥이답이다)	순데렐라	이태리면사무소
몽고반점	낙동강오리알	푸마파마
몽마르酒·몽마르니	영계소문	왈가닭/닭's/아디닭스
방가방가방	성북동디너쇼	미운오리새끼/을지문Duck
만두벌판	흙용강	더스틴호프만
내삶은국수	스타떡스	잔비어스
자타공인중개사	독님만세(애견)	폰팔아다이쓰
어제밤에효과보신탕	동막골(동태찜, 막걸리, 골뱅이)	족보있는 집(족발, 보쌈)
홍보가 기가 막혀(홍어, 보쌈)	도시락(圖詩樂)店	수사반장(寿司반장)

 아재 개그

아이를 빌려 주는 나라는?
6살이 되는 아이가 떡국 먹고 한 말은?
오세아니아의 반대말은?

오세이기아(5歲)
아일랜드(lend)
안해봐라

오시 오시押는 한자 '누를 압押'을 써서 '누르기'라는 뜻인데, 인쇄에서는 '누름 자국'을 나타내요.

가타도리 가타도리象り, 模り, 形どり는 물체를 틀에 본뜨는 것, 즉 '본뜨기, 모방'을 뜻해요.

가다오시 가타오시型押는 '거푸집 형型'의 '가타型'와 '누를 압押'의 '오시押'로 정 자국이 나란히 나게 하는 다듬질인 툴링Tooling, 형압型押을 뜻해요.

텐노리 텐노리天糊는 '하늘 천天'의 '텐天'과 '풀(칠할) 호糊'의 '노리糊'로, 메모지나 편지지처럼 상단에 풀을 바르고 굳혀 1장씩 떼어낼 수 있도록 하는 제책방식을 뜻하죠.

보까시 보까시暈し는 한자 '무리 운暈'을 써서 '바림, 선염渲染'을 뜻해요.

뻬라 페라ぺら는 달력처럼 '낱장의 종이'를 뜻하죠.

Tip & Talk — 윤선달 제안 상호

소유眞간장/미소眞된장
보싸메무쵸
황소농기계/황소통통정미기
Dragon Yang(양용은)
DAP(Daegu Art Park)가 답이다
오타(誤打)줄여서 오타(五打)줄이기

맛있는쌈 멋있는삶
꼬꼬댁닭발
행구다(幸久多)
아가페(페이스북)
안올드파머
부담은Mini 기분은Max

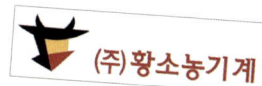

오이(美味)시이 참치명가
毛나라/柔토피아
싱싱海활어회
싱싱海 충무집
싱싱海아구촌
美즈노美용실

돌을 녹이면?
차도가 없는 나라는?
인도보다 4배 큰 나라는?

우찌누끼　우찌누끼打抜き는 '칠 타打'의 '우찌打'와 '뺄 발拔'의 '누끼抜'로 인쇄 후에 재단한 것을 따내는 '따내기'인데, 도무송Thomson이라고도 부르죠.

잉크쓰보　잉크쓰보의 '쓰보壷'는 한자 '병 호壷'를 써서 '단지, 항아리'라는 뜻인데, 인쇄기에서 잉크를 담아 두는 부분을 뜻해요. 쯔보야끼壷焼는 한자 '불사를 소焼'를 붙인 말로 소라 껍데기로 구운 요리죠. '소라'는 사자에栄螺예요.

마끼도리시　마끼토리시巻取り紙는 '문서(말) 권巻'의 '마끼巻'와 '취할 취取'의 '토리取', '종이 지紙'의 '시紙'로, 큰 종이 두루마리를 뜻해요. 참고로 한자 '종이 지紙'의 훈독은 '가미紙'로, 마끼토리가미巻取り紙라고도 하지요.

도메　도메止め, 留め는 한자 '그칠 지止'를 써서 '끝'을 뜻해요. 도메핀留めピン은 '묶음 핀'을 뜻하지요. 일본은 도로 위에 '멈춤' 표시를 도마레止まれ로 표기해요.

우끼다시　우끼다시浮出し는 '뜰 부浮'의 '우끼浮'와 '날 출出'의 '다시出'로, 엠보싱 종이나 천 따위에 글씨나 무늬를 도드라지게 하는 '돋음내기'를 뜻해요.

 건배사　초가집-119, 니나노-변사또

초지일관 **가**자 **집**으로! – **1**가지 술로 **1**차까지만 하고 **9**시 전에 집으로!
니랑 **나**랑 **노**력해서 **변**함없는 **사**랑으로 **또** 만나자(2탄에서!)

🪭 **아재 개그**

제일 뜨거운 곳은?
벽이 옆벽 보고 하는 말은?
남의 아픈 곳만 건드리는 사람은?

화백(506)
안녕벽아
아수라

오도시 오토시落しは 한자 '떨어질 락落'을 써서 떨어뜨림, 흘림이나 정규격 이외에 불필요한 부분의 종이를 뜻하는 말, 즉 '자투리'예요. 영화에서는 '저속 촬영, 느린 찍기'를 가리킨다네요.

조우시 조시調子는 '고를 조調'의 '조調'와 '아들 자子'의 '시子'로, '상태'를 뜻하는데, 인쇄를 시작할 때 인쇄의 농도를 맞추거나 조절하는 공정을 이르는 말이에요.

가가리 가가리綴り는 한자 '봉할 등綴'을 써서 철제본 할 때 접지한 책을 실로 꿰매기를 뜻해요.

모구리 모구리潛り는 한자 '잠길 잠潛'을 써서 '안잘 린면'을 말하죠.

마쿠라 마쿠라枕는 한자 '베개 침枕'을 써서 양장 제책에서 등 부분에 들어가는 심지인 '쫄대, 댐판지'를 뜻하죠. 우데마쿠라腕枕는 '팔 완腕'의 '우데腕'를 붙여 '팔베게'를 뜻하고, 히자마쿠라膝枕는 '무릎 슬膝'의 '히자膝'를 붙여 '무릎베개'를 뜻하죠. 마쿠라기枕木는 '나무 목木'의 '기木'를 붙여서 '굄목, 침목'을 뜻해요.

시아게 시아게仕上げ는 한자 '벼슬 사仕'와 '위 상上'을 써서 '끝손질, 마무리 재단'를 뜻하죠. 마토메纏め는 한자 '얽힐 전纏'을 써서 '요약 정리, 결말'을 뜻하죠. 시마리締는 한자 '맺을 체締'를 써서 '맥'을 뜻하는데, 우리는 '히마리'라고 사용했죠.

무끼바리 무끼바리向き張는 '향할 향向'의 '무끼向'와 '베풀 장張'의 '하리張'로 '밀어맞추기'를 뜻해요.

지리가미 지리가미塵紙는 '티끌 진塵'의 '지리塵'와 '종이 지紙'의 '가미紙'로 '휴지'를 뜻하죠. 화장실용 휴지를 토이렛토페파トイレットペーパー라고 하지요.

하리꼬미 하리꼬미張り込み는 '베풀 장張'의 '하리張'와 일본 한자인 '꼬미込'로 '잠복하여 감시하다'란 뜻이에요. 신세대 기자들은 '뻗치기, 맨땅에 헤딩'이란 말을 쓰죠. 인쇄 용어로는 인쇄 후의 재단, 접지, 제본 과정을 고려해서 페이지를 순서대로 배열하는 편집 작업으로 '터잡기'를 뜻해요. 오리꼬미折り込み는 한자 '꺾을 절折'을 써서 신문·잡지 등에 부록이나 광고를 접어서 끼워 넣는 일을 말하는데, '접어넣기, 끼워넣기'와 '책 표지 날개 접기'를 뜻해요. 사시꼬미差し込み는 '어긋날 차差'의 '사시差'를 붙여, 책을 제작하는 과정에서 접지된 접장 안에 별도의 인쇄물을 끼워 넣는 방법을 뜻하고, 건축에서는 '플러그'를 뜻해요.

이로즈리 이로즈리色刷り는 '빛 색色'의 '이로色'와 '인쇄할 쇄刷'의 '스리刷'로 '색깔 인쇄'를 뜻해요. '스리刷'가 '즈리'로 발음 변형되었어요.

후토산가쿠 후토산카쿠太三角는 '클 태太'의 '후토太'와 '삼각三角'이 붙어 '고딕 세모'를 뜻하죠.

오시 오시押し/圧し는 한자 '누를 압押/누를 압圧'을 써서 '누름 자국'을 뜻해요.

야레봉 야레홍破れ本은 '깰 파破'의 '야레破'와 '근본 본本'의 '홍本'으로, 잘못 인쇄된 종이 파본破本을 말하죠.

일본의 주요 전화 서비스

104(이치레이용) 전화번호 안내 유료 서비스   110(햐쿠토방) 경찰 신고
113 전화 고장 신고   115 전보 신청
117 시보 유료 서비스   118 해상 사고 신고
119(햐쿠쥬큐방) 소방차, 구급차   177 일기예보 유료 서비스

아재 개그

메시의 아들은?   (메시아이오)
신지가 애를 낳으면?   (신지애)
대문자 C가 어렸을 때는?   (아기씨C)

보로 보로襤褸는 낡은 것, 허술한 곳, 결점, 걸레, 누더기, 넝마, 고물을 나타내는데, '뽀롱나다'는 '보로오 다스襤褸を出す'에서 온 말로 '결점을 드러내다'는 의미로 여기서 유래되었다고 하네요.

나오시 나오시直しと는 한자 '곧을 직直/값 치直'를 써서 '고침, 바로잡음, 수선, 수리'를 뜻하는데, 제책의 각 공정에서 발생되는 불량품으로 수정할 것, 고칠 것을 뜻해요. 구치나오시口直는 '입 구口'의 '구치口'를 붙여 '입가심'을 뜻하죠. 데나오시手直し는 '손 수手'의 '데手'를 붙여 '재손질, 재시공'을 뜻해요.

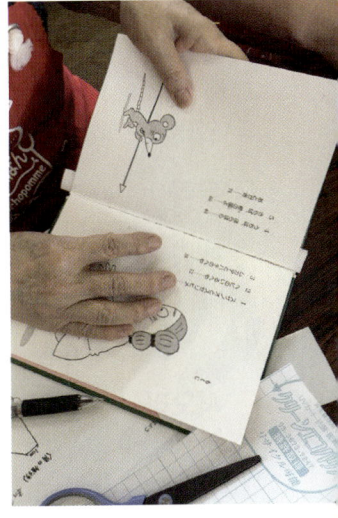

오다치 오다치大裁ち는 '큰 대大'의 '오大'와 '옷 마를 재裁'의 '다치裁'로, 성인용 일본 옷 마름질 방법인 '큰재단'을 말하죠.

히끼바리 히끼바리引張는 '끌 인引'의 '히끼引'와 '베풀 장張'의 '하리張'로 '당김맞추개'를 뜻하죠. '하리張'가 '바리'로 발음 변형되었어요. 요꼬바리黃張는 '가로 횡黃'의 '요꼬黃'를 붙인 것으로 '옆 맞추개'를 뜻하죠. 히키후다引き札는 히키引에 '패 찰札'의 '후다札'를 붙여 '광고 전단'을 뜻하죠.

 알까기 레알 사전   대만족

세계 최초로 연속으로 당선된 상고 출신 세 대통령이 모스크바에 모여 하는 회의를 '**모스크바 삼상회의**'라고 합니다.
베를린에서는 함부로 음식을 먹을 수가 없습니다. **독일 수도 있어서.**
프랑스에 가서 라면을 먹으면 안 된답니다. **불어쓰니까.**
'건배사의 달인' 윤선달과 알까기를 하면 국적이 바뀐답니다. **대만족(大滿足)으로.**

9마리 개가 알을 낳으면?
비가 애를 낳으면?
아기를 셋 낳을 부부를 대우해 주면 좋은 기업은?

혼가께 혼가께本掛け는 '근본 본本'의 '혼本'과 '걸 괘掛'의 '가께掛'로 '따로걸이'를 뜻해요.

와꾸 와꾸枠는 테두리나 범위의 제한, 제약, 각틀, 틀을 뜻해요.

요고레 요고레汚는 한자 '더러울 오汚'를 써서 '바탕때'를 말하지요. 오부츠汚物는 '오물汚物'의 일본어 발음이에요.

와타리 와타리渡는 한자 '건널 도渡'를 써서 '건너길이'를 말하죠.

우라 우라裏는 한자 '속 리裏'를 써서 '책의 뒷면'을 뜻해요.

헤라 헤라篦는 잉크 주걱, 접지 밀대를 뜻하죠. '구둣주걱'은 '가죽신 화靴'의 '구쯔靴'를 붙여 구쯔베라靴篦라고 하지요.

시오리 시오리栞는 한자 '도표(표목) 간栞'을 써서 '가름끈, 책갈피'를 뜻해요.

 노캐디

세계에서 톤이 가장 높은 가수가 누구일까요? 루치아노 파바로티? 호세 까레라스? '라노비아'를 부른 '토니 달라라'가 가장 톤이 높답니다. 톤이 달나라까지 간답니다. 1936년생 '토니 달라라'는 1961년 신축년 윤선달이 태어난 기념곡으로 '라노비아'를 불러 히트시켰습니다. 당시 25세이던 그가 골프를 치는데 캐디피가 아까워 '노캐디'를 선언하면서 이 노래를 불렀습니다. "라 쑬랄타 레이스타피안 젠도 뚜띠디란 '노캐디(?)' 지오이야"

 아재 개그

가수 비가 매운 걸 먹으면?
가수 비를 때리면?
'방귀 뀌지 마'를 영어로?

핫싸비

눕피(비 피)

돈까스(don't gas)

 **그늘집 쉬어가기 - 웃으면 복이 오고 웃기면 보기(boggy)해요**

중국집에서 짜장면 시켰는데, '다꽝'이 없으면 '**다 꽝**'이죠.
4골 넣은 손흥민보다 4골 어시스트한 케인에게 MOM을 주겠다던 무리뉴 감독에게 따지자 감독 왈, 다 내 **맘**(MOM)이야!
생각대로 살지 않으면 사는 대로 생각한다. 긍정적인 사람은 **한계란 없고**, 부정적인 사람은 **한 게 없다**.
졸 테면 졸고 잘 테면 자라. **서울대**는 너를 버려도 **서울역**은 너를 받아줄 것이다.
핸디캡 18번 홀을 재래시장 지겟군도 파(Par)를 하는 홀이라죠. 음, **Par를 못하면 지겠군**(?)!
버디하면 내 볼(ball)에 뽀뽀를 해 달랬나? **내 볼에 뽀뽀해 주는 줄 알았지**.
좌절에 빠진 사람에게 '세월이 약'이라며 위로하자 친구 왈, '세월이 약이라면 음력은 한약이고 양력은 **양약이냐**?'
벤츠가 서 있는 주차장에 오토바이가 서자, "쯧쯧! 저것도 탈 것이라고….." 하자, "쯧쯧! 아직도 네 발로 기어 다니는 어린 녀석들이…."
비서관이 물었다. "각하, '느닷없이'를 부산에서는 뭐라고 합니까?" "야야 **각중에**(?) 그걸 물어보면 우야노!"
진정한 리더(Reader)는 **뤼더**(Leader)여야 하고, 롱런(Long run)하려면 **롱런**(Long learn)해야 하지요.
신하가 상감마마에게 공을 던지며 하는 말, "**송구하옵니다 전하!**"
술에 취한 남편이 아내에게 말했다. "**여보, 나 물 좀 줘**" 남편의 입에는 시금치가 잔뜩 물려 있었다.
오리와 차를 같이 타게 되었는데, "오리야, 안전벨트 어떻게 매 줄까?" 하고 물었더니 하는 말, "**꽉!**"
기(氣)가 충만한데도 버스에서는 왜 기가 부족하다고 할까? **잔액이**(=자네 氣) 부족합니다.
선다리가 드릴 것은 **책임**, 여러분이 지셔야 할 것은 **책임**!

불장난으로 돈을 벌면?
불이 다섯 개면?
초콜렛 맛이 나는 불은?

불로소득(玉)
오빠이야(5fire)
초코빠이야(fire)

생활 속 일본어와 함께하는
Pun & Joke 알까기 다마네기 1탄

초판 발행 2020년 12월 10일
3쇄 발행 2021년 01월 08일

엮은이 윤선달 / **펴낸이** 서대종
편집 서승철 / **디자인** 박정현

펴낸곳 도서출판 담아내기 / **주소** 서울시 마포구 희우정로 100, 5층 / **제작** 와이엠미디어
등록일 2020년 9월 24일 / **등록번호** 제2020-000259호
ISBN 979-11-972134-0-3 03690

* 이 책의 내용을 허가 없이 전재하거나 복제할 경우 법적인 제재를 받을 수 있습니다.
* 잘못된 책은 구입하신 서점에서 교환해 드립니다.
* 정가는 표지에 표시되어 있습니다.